AF325786

LES PRINCIPES DU DESSEIN,

OU

METHODE COURTE ET FACILE

Pour aprendre cet Art en peu de tems.

PAR LE FAMEUX

GERARD DE LAIRESSE.

A AMSTERDAM,

Chez DAVID MORTIER.

MDCCXIX.

AVERTISSEMENT
NECESSAIRE
pour l'Intelligence de ce
TRAITÉ.

TOut le monde fait qu'une belle Coeffure aide bien à relever une belle Taille, & qu'un Stile coulant a de grands charmes pour faire goûter un Ecrit. Cependant mon but n'eft pas ici d'emploïer des termes recherchez, ni de parler de ces Evenemens extraordinaires fi connus des Hiftoriens, pour repréfenter au long, à ceux qui aiment le Deffein, l'excellence, la force & le pouvoir de cet Art. Je n'ai en vûë que l'utilité & l'inftruction de mes Lecteurs; & c'eft auffi de ce côté-là que j'ai tourné tous mes éforts. De là vient que j'ai été fi long-tems en doute fur la forme que je donnerois à ce petit Ouvrage, pour les exciter à le recevoir, à le lire, & à en profiter d'une maniere aifée & commode. Je penfois à la verité, que je ne pouvois que fuivre l'Exemple de tant d'habiles Ecrivains de notre Siècle, qui ont traité fi noblement le même Sujet; quoi qu'ils aient oublié certaines chofes fort utiles; mais l'on ne doit pas s'en étonner; puis que cet Art eft fi vafte, qu'on ne fauroit jamais le poffeder en perfection, ni le décrire dans toute fon étendue. Peut-être auffi que mes Lecteurs trouveront bien étrange que, convaincu de cela, j'aie ofé moi-même en venir à une pareille entreprife. Mais animé toûjours de l'esprit de la Peinture, comme j'en avois tracé le Plan dans ma bonne fortune, j'ai cru que le plus fûr moïen de chaffer mes ennuis étoit de l'executer le mieux qu'il me feroit poffible, fuivant la foible portée de mon genie. Ce n'eft pas que la penfée qui m'étoit venue dans l'esprit, fur ce qu'il y a divers Auteurs qui ont publié les mêmes chofes en différens termes, n'eut empêché l'execution de mon Projet, fi, pour ne pas tomber dans le même défaut, je n'avois pris un nouveau tour, & fi je n'avois quelque chofe de nouveau à communiquer au Public. Malgré tout cela, je ne doute pas que bien des gens ne me trouvent coupable de ce que je reproche ici aux autres; mais je m'en confolerai facilement, puis que le Ciel m'a fait la grace de furmonter de plus rudes épreuves. La feule perte de ma vûe fembloit former un obftacle fufifant, & me ravir toute esperance de venir à bout de mon deffein; mais pénetré des beautez d'un fi noble Art, je me fens presque dispofé à faire l'impoffible, & rien ne fauroit m'empêcher

A

d'ofrir

d'ofrir mes petits talens à ceux qui l'aiment. Je ne saurois non plus manquer ici de reconnoître les grandes obligations que j'ai à Dieu, de ce que touché de mon triste état, il a eu enfin pitié de moi, il a éclairé les yeux de mon Entendement, fortifié ma Mémoire, & conduit ma main. Avec tout cela, si quelcun s'avise de me critiquer, soit à cause de la simplicité de mon Stile, ou de quelques autres minucies, & qu'on traite mon Ouvrage de Jeu d'Enfant, cela ne m'embarrassera guères, pourvû que ce Jeu, tout puéril qu'il leur paroit, soit utile à ceux auxquels il est destiné. D'ailleurs je compte qu'une maniere simple de s'énoncer produira plus d'effet que le Stile fleuri, qui seroit inutile dans cette occasion, & qui ne toucheroit pas l'esprit de la Jeunesse. Ce n'est donc pas en Orateur, comme je l'ai déja insinué, que je me montre au Public; mais en Homme, qui charmé de son Art l'a tracé sur la Toile d'une maniere claire & intelligible à tout le monde; & d'où mon Fils l'a transcrit pour le consacrer à tous ceux qui aiment le Dessein. Quoi que je n'en donne ici que les premiers Principes pour l'usage de la Jeunesse, il n'y a personne à qui ce Livret ne puisse être d'une grande utilité pour arriver à la connoissance de tous les beaux Arts; tels que sont la Peinture, l'Architecture, la Gravure, la Sculpture, l'Arpentage, &c. qu'on ne sauroit jamais aprendre sans la Plume ou le Craïon. D'ailleurs j'y ai fait inserer des Planches avec toutes les figures requises, pour aider la conception de la Jeunesse; & je n'ai rien oublié à cet égard de tout ce qui peut lui être utile: en sorte qu'il n'y a que la seule Envie qui puisse y trouver à redire. Mais elle est si bien connue depuis long tems, que je ne crains plus ses attaques : Je me flate même que ses traits les plus vifs s'émousseront contre le Bouclier que je leur oppose, je veux dire mon Insensibilité. Du reste, si mes Lecteurs veulent se donner la peine de parcourir avec attention, & d'un bout à l'autre, ce petit Echantillon de ma bonne volonté à leur égard, je ne doute pas qu'ils n'y trouvent beaucoup plus qu'il ne leur prometoit d'abord. Enfin si ce Livret à le bonheur de leur plaire, je me croirai engagé à leur en donner bientôt un autre pour l'avancement de la Peinture.

LES PRINCIPES

DU

DESSEIN,

OU

Voie courte & assurée pour l'aprendre à fonds par le moïen de la Géometrie.

DE même que l'Alphabet, ou la connoissance des Lettres sert d'introduction à la Grammaire ; ainsi la Géometrie est le premier pas qui nous conduit au Dessein, où l'on ne peut jamais arriver sans elle, non plus qu'à tout autre Art & qu'aux Sciences. En effet, c'est, par la Géometrie, & à la faveur des traits ou des lignes, que nous aprenons à connoitre la longueur & la largeur des Corps, ce qui est droit ou courbe, ce qui est disposé en travers ou obliquement, ce qui est rond, ovale, quarré, hexagone, octogone, cintré, concave ou convexe, & toutes les autres figures imaginables. Mais, puis qu'il n'y a rien de corporel dans le Monde, qui ne tombe sous quelcune de ces dénominations, cela même doit servir de premiere Leçon aux jeunes Gens qui veulent s'attacher au Dessein, & il faut les y arrêter jusqu'à ce qu'elle soit bien imprimée dans leur mémoire. Si j'avois plusieurs Garçons, je ne voudrois pas qu'aucun d'eux s'apliquât à un Art ou à une Science, à moins qu'il ne sût bien lire & écrire. D'ailleurs, si la chose étoit en mon pouvoir, je souhaiterois qu'ils aprissent un peu de *Latin*, & il me semble qu'à l'âge de dix ou douze ans, ils en sauroient assez, pour embrasser alors l'une ou l'autre Profession. Je mets dix ans de plus pour meurir l'esprit, & donner l'essor à son genie, ce qui en fait vingt-deux. J'en alloue dix autres pour choisir & regler le genre de vie qu'on veut suivre, ce qui fait trente-deux. Ajoutez y en dix encore, pour ateindre à la perfection, soit dans la Théorie ou dans la Pratique, cela revient en tout à quarante-deux. Depuis cet âge jusqu'à cinquante ans, & au-delà, si l'on peut y arriver, c'est le tems propre à s'aquerir un grand Nom, & à gagner du Bien. C'est ainsi que je partage la Vie d'un habile Peintre. Cependant Dieu en dispose comme il le trouve bon, il fait réüssir les uns plûtôt & les autres plus tard, quoi que l'on puisse dire que, sans genie, le travail est inutile, *absque ingenio, labor inutilis.* Enfin l'Experience nous aprend que le plus sûr moïen de réüssir dans le Dessein, est de s'y attacher, de bonne heure, sous un habile Maître, d'avoir l'esprit tourné de ce côté-là, & d'y aporter une grande & constante aplication, qui est seule capable de rendre aisées les choses les plus difficiles.

PREMIERE LEÇON.

POUR donner à un Ecolier un bon fondement de cet Art, & le conduire à ce qu'il y a de plus caché, ou à ses plus grandes délicatesses, le Maître ne doit pas se faire une peine de commencer par les Principes les plus simples, & de l'y retenir jusqu'à ce qu'ils soient bien gravez dans sa mémoire, puis que, sans cela, il seroit impossible à l'Ecolier d'y faire aucun progrès, bien loin d'ateindre à la perfection.

Les premiers rudimens du Dessein consistent donc à faire divers traits ou des lignes différemment tournées, & c'est aussi ce qu'on peut apeller l'Abecé de l'Arpentage.

A 2

E X-

EXEMPLE.

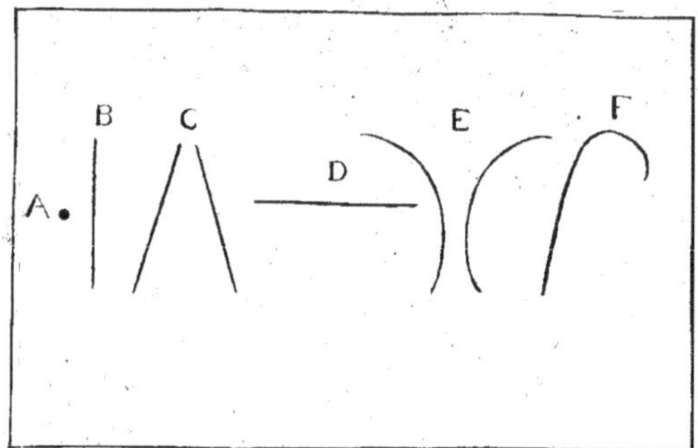

Nous expofons ici d'abord aux yeux des Ecoliers un Point marqué de la lettre
A; enfuite une Ligne perpendiculaire avec un B. au-deffus; deux Lignes obliques
avec un C; une Ligne horizontale avec un D; deux Lignes courbes avec un E;
& une Ligne crochue avec une F. au-deffus.

Les Ecoliers doivent fe former d'abord une idée exacte de toutes ces Lignes;
ce qui ne leur fera pas difficile, puis qu'ils en voient tous les jours la figure dans
tous les Objets corporels qui leur tombent fous les yeux.

Mais comme ils ne doivent pas feulement avoir la fpeculation de cet Art, mais
en aquerir fur tout la pratique, le Maître peut tracer lui-même ces Lignes fur une
Ardoife, & leur enfeigner à les imiter avec une touche. Il n'y a nul doute qu'ils
ne puiffent en venir à bout, après l'avoir effaié trois ou quatre jours de fuite;
mais s'il leur manquoit encore quelque chofe à cet égard, le Maître peut leur
montrer aifément de quelle maniere ils doivent tenir la touche, & former ces traits
d'une maniere nette & hardie. Du moins fi les jeunes Ecoliers s'accoûtument d'a-
bord à une mauvaife maniere, il eft plus difficile de les en corriger dans la fuite,
que de leur en faire prendre une bonne dès le commencement. Cela fait, le Maître peut venir à leur donner de nouvelles Leçons & de nouveaux Exemples.

Du refte, un Maître, qui aura deux Ecoliers fous lui à peu près du même âge,
peut connoitre, par cette premiere Leçon, toute fimple & peu de chofe qu'elle
paroit, la différence des talens & du genie de l'un & de l'autre; car il arrive
fouvent que celui qui réuffiffoit le mieux dans le College, brille moins ici; L'un,
plus hardi que fon Camarade, formera fes traits tout d'un coup d'une main hardie; pendant que l'autre, plus timide, formera les fiens d'une main tremblante,
& les gâtera par conféquent. Cette différence vient d'ordinaire de la diférente
éducation qu'on donne aux Enfans. C'eft pour cela qu'on doit les obliger, de
bonne heure, à s'aquiter de leurs exercices, avec toute l'atention dont ils font
capables; parce que, comme dit HORACE, Lib. I. Epift. II. 69. *un Vafe confer-
vera long-tems l'odeur de la premiere liqueur qu'on y aura verfée.*

D'un autre côté, un Maître, qui a de la prudence, doit obferver de près
l'humeur & l'inclination de fes Ecoliers, afin de les amèner tous à fon but, quoi
qu'ils fe croifent à divers égards. Il doit favoir auffi de quelle maniere il faut
s'y prendre pour inftruire la Jeuneffe avec fuccès, & s'accommoder à la portée
de leur genie.

On doit éviter tout ce qui peut faire quelque obftacle à l'avancement des Ecoliers, & tenir à leur égard un jufte milieu entre le relâchement & une trop grande
feverité, quoi que la douceur foit toûjours la plus fûre voie: De bonnes paroles
dites d'un ton amiable font mille fois plus d'impreffion fur la Jeuneffe, qu'une
violente reprimande, qui eft plus propre pour celui qui tient la Férule & la Ver-
ge, que pour celui qui tient la Palette & le Pinceau, qui doivent être maniez
gaiement & avec plaifir. D'ailleurs, un Maître ne doit jamais perdre patience,

ni

ni se chagriner, s'il est obligé de revenir plus d'une fois à la même chose; sur tout lors qu'il voit que ses Ecoliers font de leur mieux pour bien comprendre ses Leçons & les reduire en pratique. Il est certain que les commencemens sont ce qu'il y a de plus pénible pour le Maître; mais il en reçoit d'autant plus de joie & de satisfaction, lors qu'il voit qu'un jeune Ecolier profite de jour en jour sous ses yeux, & qu'il devient à la fin un habile Maître. C'est pour cela que les Maîtres ne doivent pas s'ennuïer à donner d'abord & à repéter souvent une bonne & courte Instruction, parce que la memoire & la conception de la Jeunesse sont foibles & délicates, & que * *la brieveté*, pour me servir du Mot Latin, *leur est d'un grand secours.*

SECONDE LEÇON.

C'est ainsi que nous allons au devant de tout ce qui peut aider les Ecoliers, & que, bien loin d'étoufer cette noble ardeur, qu'on voit éclater de plus en plus dans la Jeunesse, nous tâchons de l'entretenir, quoi qu'il y ait souvent de beaux Genies qui viennent à la perdre par la severité avec laquelle on les traite. Il y en a plusieurs autres, auxquels il est inutile d'avoir reçu de la Nature un genie propre à cet Art, en ce que, par l'ignorance de ceux qui les instruisent, ils l'emploient mal & tout de travers; au lieu que s'ils avoient eu d'habiles Maîtres, il n'y a nul doute qu'ils n'eussent parfaitement bien réussi.

Sur toutes choses, on ne doit jamais forcer un jeune Homme à s'attacher à une Profession pour laquelle il a de la repugnance; puis que, suivant le Proverbe, *tout ce qu'on fait à contre-cœur excite le dégoût.* On peut bien essaïer quelle est son inclination à cet égard; mais comme un bon Cheval n'a pas besoin de l'Epron; ainsi le genie d'un Ecolier ne doit soufrir aucune violence. Il faut joindre l'Agrément au Naturel, qui d'ailleurs ne veut pas être opprimé. Notre Art demande, même dès ces premiers commencemens, quelque desagréables qu'ils nous paroissent, une maniere libre dans ceux qui le cultivent. C'est pour cela qu'il doit servir d'amusement à la Jeunesse, & qu'il faut l'y exercer, pour ainsi dire, en badinant. Il ne faut donc pas trop embrasser à la fois, ni accumuler tout ensemble, afin d'éviter la confusion. On va sûrement lors qu'on marche à petits pas; mais si l'on court, on risque de broncher, de tomber & de ne pouvoir se relever qu'avec assez de peine. Pour cet effet, après avoir enseigné à tirer une Ligne droite, oblique, transversale, courbe ou crochue; à quoi nous avons vû souvent exercer, avec beaucoup d'ardeur, de jeunes Ecoliers, & tâcher de se vaincre les uns les autres, sans penser que cela pouvoit leur être utile; nous n'allons plus loin que peu à peu, &, quoi que cela paroisse pueril, nous nous accommodons aux manieres des Enfans, & nous leur faisons voir, par ce qu'ils viennent d'aprendre dans cette premiere Leçon, la nécessité qu'il y a de le bien savoir.

Il faut donc examiner avec soin, si ces Lignes sont telles qu'elles doivent être; louer les jeunes Ecoliers pour celles qui sont bien tirées, afin de les encourager, &, sans trop les blâmer pour celles qui sont mal, les amener doucement à en tracer d'autres avec plus d'exactitude. C'est ce qui ranime l'ardeur & l'envie qu'ils ont de réussir. Un bon Maître, qui veut bien instruire ses Ecoliers, ne se fait pas une peine de tirer lui-même des Lignes en leur présence, & de leur dire : C'est ainsi, mes Enfans, que vous devez les faire, pour les bien tracer. Cette méthode fait plus d'impression sur ceux qui commencent, que les Discours les plus étudiez; parce qu'alors ils font plus d'usage de leurs yeux que de leur Esprit. Ceci les anime à suivre son Exemple, & à l'imiter. Ils viennent ensuite à tirer ces Lignes d'eux-mêmes, & à disputer entre eux, à qui les fera d'une maniere qui aproche plus de l'Original.

La seconde Leçon, que nous donnons à nos Ecoliers, semble revenir à la même chose, & ne paroit pas de plus grande conséquence. La voici.

B

EXEM-

---

* Brevitas memoriæ amica.

E X E M P L E.

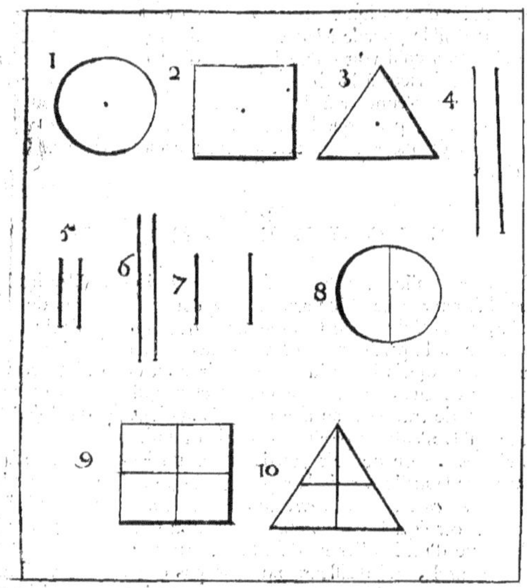

La premiere figure de cette Planche est un O, ou un Cercle avec un point au milieu, marqué N° 1. La seconde est un Quarré, avec un point au milieu, marqué N° 2. La troisième est un Triangle, avec un point au milieu, marqué N° 3. La quatrième est composée de deux longues Lignes, perpendiculaires & parallèles, marquées N° 4. La cinquième est de deux Lignes beaucoup plus courtes, perpendiculaires & parallèles, marquées N° 5. La sixième est de deux Lignes plus longues & plus serrées, perpendiculaires & parallèles, marquées N° 6. La septième est de deux Lignes, aussi courtes que celles du N° 5, mais plus éloignées l'une de l'autre, perpendiculaires & parallèles, marquées N° 7. La huitième est un Cercle, avec une Ligne droite, qui le traverse par le milieu, marqué N° 8. La neuvième est un Quarré, avec une Ligne perpendiculaire & une horizontale, qui le partagent également par le milieu, marqué N° 9. La dixième est un Triangle équilateral, avec une Ligne perpendiculaire, qui le coupe en deux, du haut en bas ; & une Ligne horizontale, qui le coupe en travers, marqué N° 10.

Les figures, que nous exposons ici aux yeux des jeunes Ecoliers, ne leur paroitront pas difficiles à imiter, parce qu'ils sont déja exercez à tirer des Lignes, mais afin qu'aucun d'eux ne se rebute de les bien aprendre, il faut leur promettre que, d'abord qu'ils les sauront tracer exactement, on leur donnera quelque chose de plus joli à copier, & où ils prendront un plaisir tout extraordinaire.

T R O I S I E M E L E Ç O N.

Après avoir fait bien concevoir aux Ecoliers ce que c'est qu'un Cercle, un Quarré & un Triangle, marquez dans la Leçon précedente, on leur enseigne à les tracer le mieux qu'ils peuvent, par le moïen du Compas & de la Règle, dont le premier sert à former les Cercles, & l'autre à tirer toute sorte de Lignes droites, soit perpendiculaires, obliques, ou horizontales. On promet à celui qui s'en aquitera le mieux une Estampe, ou quelque autre petite marque d'honneur. C'est ainsi qu'on les excite à l'émulation, & à plaisanter les uns avec les autres. L'un

se

se plaint de ce que la pointe de son Compas ne veut pas tenir ferme sur l'Ardoise, pendant qu'il se trouve mieux de la Règle. L'autre critique son Camarade,
parce qu'il appelle une Ligne une Barre, & chacun d'eux a son petit mot à dire.
Mais puis que l'Ardoise est trop glissante, & qu'ils voient bien l'usage de la Règle & du Compas, il est tems de leur donner du Papier, pour y tracer leurs figures, & d'en venir à la troisième Leçon.

On leur donne encore ici quelques nouveaux Exemples, qui aprochent des pré-
cedens, & on leur enseigne à les mesurer juste avec le Compas, pour savoir quelle en est la longueur, la largeur & la hauteur. Pour cet effet, on y joint la Mesure, qui est celle d'un Pié, marquée par la double Ligne transversale; celle qui
suit en est le tiers, & la troisième en est le quart. On doit aussi leur aprendre
les termes de l'Art, qui sont comme leur Abecé.

E X E M P L E.

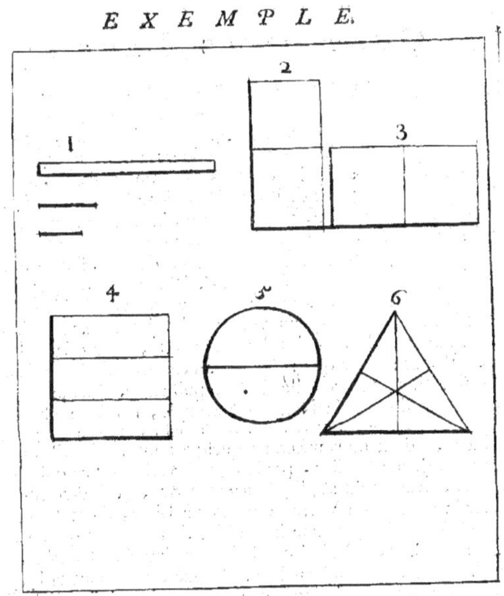

N° 1. est une Mesure d'un Pié. N° 2. est une pierre quarrée, large d'un Pié,
& haute de deux. N° 3. en est une semblable couchée par terre. N° 4. est un
Quarré partagé en trois bandes. N° 5. est un Cercle avec son Diametre horizon-
tal. N° 6. est un Triangle, avec une ligne tirée de chacun de ses Angles sur un
de ses côtez.

On doit faire copier cette Leçon aux jeunes Ecoliers, de même que la précedente, & on doit leur promettre de nouveau quelque chose de meilleur. Un habile Maître ne se borne pas à leur demander, s'ils ont bien compris les Exemples,
qu'il leur a donnez; mais il les engage à les tracer de nouveau en sa présence. Du
moins il peut arriver quelquefois qu'ils ont réussi à les bien imiter plûtôt par ha-
sard, que par les règles de l'Art. Après les avoir trouvez experts là-dessus, il en
vient à une Leçon plus importante. C'est ainsi qu'ils se forment une juste idée du
contour & de la disposition que doivent avoir toutes les Figures qu'on leur pré-
sente. En effet, comme ceux qui aprennent à lire s'attachent d'abord à bien connoitre les lettres de l'Alphabet, ensuite à prononcer les syllabes, puis les mots entiers; qu'ils viennent de là au sens de ces mots, & enfin à l'intelligence des choses; il en doit être de même à l'égard de ceux qui s'apliquent au Dessein; mais il

ne

ne faut jamais les traiter avec ces airs impérieux des Maîtres d'Ecôle, ni leur imprimer de la fraïeur, ni atendre d'eux qu'un refpect honête & raifonnable. De cette maniere, un jeune Garçon, qui a du talent, s'avance peu à peu; il contemple avec plaifir tous les Objets qui l'environnent, & lors qu'il s'aperçoit que la Nature & l'Art le favorifent, il eft animé de jour en jour, & il s'éleve à de plus grandes chofes. Il en eft des Ecoliers comme des Enfans, qui aprennent à marcher lors qu'on les conduit par la Lifiere, ou qu'ils s'appuïent eux-mêmes fur des Chaifes ou le long d'une muraille. On peut dire que les Hommes font de véritables Enfans dans ce qu'ils ne favent pas; & que de jeunes Garçons bien inftruits font des Hommes faits avant qu'ils aient ateint l'âge viril. Nous avons déja fait quiter le Compás & la Règle à nos Ecoliers, & nous les avons louez de ce qu'ils ont la main ferme dans tout ce qu'ils tracent. A préfent nous irons plus loin, & nous leur mettrons devant les yeux quelques nouvelles figures tirées avec art.

QUATRIEME LEÇON.

Nous quitons donc ici la Terre pour aller courir dans une vaste Mer, où les jeunes Voïageurs auront grand befoin d'un meilleur Pilote, que n'étoit PALINURE, qui, furpris par le fommeil, tomba dans les Flots, & y perdit la vie; car celui qui n'a pas un bon Maître fera toûjours un mauvais Imitateur. C'eft pour cela qu'il eft à propos que les Ecoliers aïent un habile Maître, qui leur aprenne les véritables fondemens de l'Art, & qui ne fe borne pas à l'écorce ou à la fuperficie. Il eft certain que, par fes bonnes inftructions, il peut donner bientôt de grandes lumieres à ceux qui font actifs & diligens. Aufli les LACEDEMONIENS avoient-ils accoutumé de choifir un des plus illustres & des plus habiles de leurs Magistrats, pour avoir foin de l'éducation de leur Jeuneffe. Mais aujourd'hui les bons Maîtres font aufli rares que les Gens de bien. De forte qu'on a fujet de fe plaindre, de ce qu'on voit tous les jours quantité de bons Genies, qui avoient du talent, devenir des Barbouilleurs, par cela feul qu'ils ont été mal-inftruits. Il faut avouër que la Nature a beaucoup de force d'elle-même, fans y joindre l'Inftruction, & que celle-ci eft impuiffante, fans le fecours de la Nature; mais on peut dire que la Nature eft aveugle, fi l'Art ne lui ouvre les yeux. La Nature commence à nous ouvrir fon fertile fein, & à nous préfenter une infinité de chofes, dont nous mêlerons quelques unes avec d'autres artificielles, pour animer notre jeune Ecolier, par la repréfentation de ce qui lui eft déja connu. Du moins, avant qu'il s'apliquât à notre Art, il fe divertiffoit beaucoup à pouvoir imiter la figure d'un Verre, d'un Pot à Biere, d'une Pomme, ou de pareilles chofes; & les Enfans ont une haute idée de tous ceux qui en peuvent tracer quelcune au naturel. C'eft ainfi que la Nature imprime bientôt dans leur Esprit tout ce qui s'accorde avec leur penchant. J'avoüe que ce font là les moindres ouvrages de l'Art, & qu'il eft infiniment plus beau de favoir peindre les Hommes, la plus noble de toutes les Créatures qui vivent ici-bas. En effet, que peut-il y avoir de fi glorieux & fi digne de l'Art, que de repréfenter un Etre animé d'un foufle divin, que le Créateur de tout l'Univers aprouva, & que nous apellons à juste titre *le petit Monde*, où l'on voit en racourci toute la Création? C'eft pour cela même qu'il y auroit de l'imprudence à y porter d'abord la main, & qu'il nous en reviendroit plus de honte, que n'en eut le PROMETHE'E de la Fable, lors qu'il déroba le feu du Ciel, pour animer l'Homme qu'il avoit formé à l'imitation, de celui de JUPITER. Ainfi nous continuerons par les chofes les plus faciles & les moins fujettes à la critique, pour en venir peu à peu à celles qui font plus relevées.

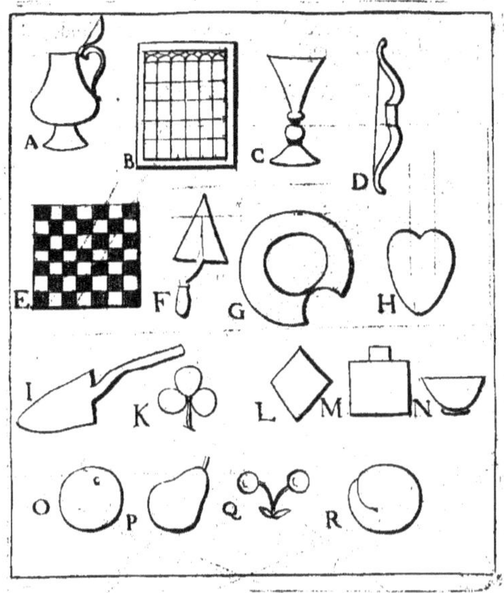

La lettre A, marque un Pot à Bieré; B, une Fénêtre; C, un Verre à Vin;
D, un Arc; E, un Damier; F, une Truelle; G, un Baſſin de Barbier; H, un
Cœur; I, une Péle; K, un Tréfle; L, une Loſange; M, une Boite à Thé; N,
une Taſſe à boire du Café ou du Thé; O, une Pomme; P, une Poire; Q,
deux Cériſes; R, une Pêche.

Ce ſont là des choſes communes; mais qui feront agréables à la Jeuneſſe: elles
peuvent même ſervir à ceux qui ont déja l'esprit formé, pour entrer plus avant
dans le riche Palais de la Nature, & s'élever aux plus ſublimes délicateſſes de l'Art.
En effet, quoi que toutes ces Figures ſoient, pour ainſi dire, ſans corps, & qu'elles ſe reduiſent à des lignes droites, obliques, courbes, couchées, il eſt d'une ab-
ſoluë néceſſité de les aprendre, parce que tous les Linéamens y ſont compris, &
que, ſi l'on peut une fois bien tracer ces petites bagatelles, tout le reste viendra
de lui-même, & il n'y a rien dont on ne puiſſe venir à bout.   Par exemple la
Truelle, marquée de la lettre F, n'eſt presque autre choſe qu'un Triangle.   Le
cou du Pot à Biere, marqué d'un A, eſt une espèce de quarré; le ventre en eſt
rond, & le pié triangulaire; mais lors qu'on fait le ventre, on doit tirer d'abord
le côté droit, enſuite le gauche, en commençant toûjours du haut en bas: Je dis
la même choſe à l'égard des côtez du pié, qu'il faut après joindre enſemble.   Ti-
rez enſuite une Ligne à travers le milieu du Pot du haut en bas, & vous verrez
par-là s'il eſt plus gros d'un côté que de l'autre. C'eſt ainſi qu'il faut executer toutes choſes ſuivant les regles de l'Art, afin qu'il n'y manque rien: De cette màni-
re on s'afermira peu à peu la main, dont les traits feront toûjours hardis dans tout
ce que l'on deſſinera, ſoit qu'on l'ébauche ou qu'on le finiſſe; au lieu que, ſi l'on
néglige ces Principes, on ne fait que s'escrimer dans les ténèbres, & l'on n'arri-
vera jamais à l'exaĉtitude, ni à une parfaite connoiſſance de l'Art.

C.   CIN-

CINQUIEME LEÇON.

Pour ateindre donc à cette hardieſſe de traits & à l'exactitude, dont je viens de parler, nous propoſerons l'Exemple ſuivant.

E X E M P L E.

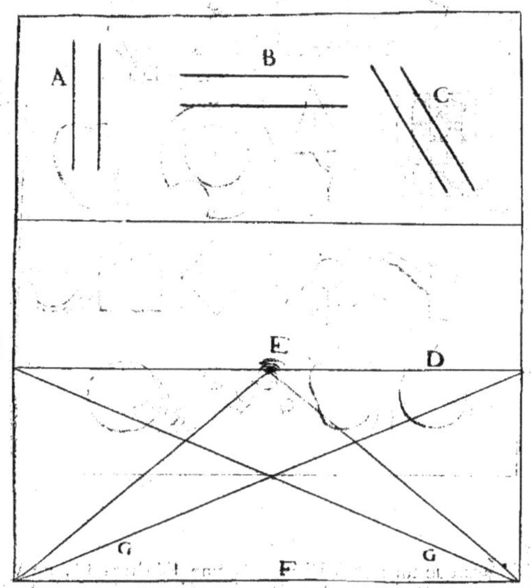

A, marque deux Lignes droites; B, deux Lignes en travers. C, deux Lignes obliques; D, l'Horizon; E, le point de vûe; F, la Ligne de terre, & G, la Ligne de diſtance.

On ne voit ici d'abord que des Lignes, qui ſont déja connues de notre Eco-lier, & qu'il ſait bien faire; mais au lieu de les apeller deux Lignes droites, trans-verſales ou obliques, nous lui aprenons ici à les nommer des parallèles. Tous les traits de l'Art doivent avoir leurs Noms particuliers, & cela eſt fort à propos, comme on le verra dans la ſuite. Nous ne penſons qu'à donner à notre Ecolier une idée exacte des choſes à meſure que nous les traitons, afin qu'il n'agiſſe pas en Aveugle, & qu'il n'embraſſe pas l'ombre pour le corps, comme ceux qui ſont dans les ténèbres. C'eſt pour cela même que nous ne l'accablons pas ici d'une fou-le d'Exemples ou d'Histoires, qui ſerviroient plûtôt à l'embarraſſer qu'à lui être de quelque uſage; outre que cette méthode conviendroit mieux à un Historien qu'à un Maître qui enſeigne. A la verité nous cherchons quelquefois à lui don-ner un Exemple ou une Comparaiſon; mais toûjours d'une maniere courte, pré-ciſe, & qui quadre avec le ſujet autant qu'il eſt poſſible. Du reſte, lors que nous ſerons plus avancez, nous lui préſenterons des Figures plus compoſées, ſui-vant que le cas le demandera.

D'ailleurs, il faut ſe ſouvenir que la Ligne en travers, qui partage la Planche, s'apelle Horizon, & que le petit Oeuil, qui eſt au milieu, ſe nomme le point de vûe. Les deux Lignes, qui en ſortent, & toutes les autres, que l'on en pourroit tirer, ſont des Raions viſuels. La Ligne, qui traverſe au-deſſous, eſt la Ligne de terre. Les deux Lignes, tirées de l'un & de l'autre côté de l'Horiſon, s'apel-

lent

lent Lignes de Distance. Ainfi nous donnons à chacune de ces Lignes fon propre Nom. C'eft ce qu'on doit bien retenir & favoir par cœur ; mais s'il y en a une en travers, qui aproche plus de l'Horifon que de la Ligne de terre, on dit qu'elle eft parallèle à l'Horifon, au lieu que fi elle eft plus près de la Ligne de terre que de l'Horifon, on dit qu'elle eft parallèle à la Ligne de terre.

Cependant, afin de rejouïr l'esprit des Ecoliers, on peut leur donner de tems au tems à feuilleter un Livre d'Estampes, ou de Figures deffinées par les plus habiles Maîtres. Cette vûe excite dans la Jeuneffe une émulation toute particuliere. Mais il faut prendre garde que les Estampes foient dans un Livre à part, & les Figures deffinées dans un autre ; puis que ces deux fortes de chofes font propofées aux Ecoliers dans deux vûes différentes. Les Estampes fervent donc à les divertir, & à éveiller leur Esprit. Lors qu'ils en ont examiné une, ils languiffent d'en venir à la fuivante, pour voir quelle en fera l'ordonnance. Les Noms des habiles Maîtres, qui les ont gravées, & qu'on leur aprend, joints aux Eloges qu'on leur donne à cette occafion, les rempliffent d'une nouvelle ardeur ; fur tout ceux qui les confiderent avec quelque atention, qui font refolus de s'apliquer toute leur vie à cet Art, de fe rendre habiles dans la Peinture, & d'aquerir par-là une grande reputation. D'ailleurs ils peuvent remarquer dans ces Estampes ce qu'ils ont apris déja, & de cette maniere fe fortifier de plus en plus dans les regles de l'Art. Du reste, qui ne feroit pas animé à fuivre ces grands Exemples ? lors qu'on y voit un noble Deffein, des Figures nuës d'un beau Choix, des Actions gracieufes, * des Paffions bien exprimées, une Draperie bien jettée, des attitudes convenables, une magnifique Architecture, de jolis Ornemens, de beaux petits Enfans, une Ordonnance exquife, la varieté des Coifures & des Ajustemens, fuivant les différens Païs, l'Armure des *Grecs*, des *Romains* & des *Perfes* ; en un mot, tout ce qui fe peut trouver dans les meilleures Estampes. Mais tout cela fe voit encore mieux dans les Deffeins des habiles Maîtres, & l'on en peut même tirer plus d'avantage ; puis que l'on y aprend à manier le Craïon ou le Pinceau d'une maniere libre : au lieu qu'on ne fauroit apercevoir cet art dans les Estampes imprimées, où tout eft renverfé, & va, pour ainfi dire, à contrepoil.

De forte que, fi l'on donne aux jeunes Ecoliers un Livre chargé d'Estampes & de Figures deffinées, ils oublient celles-ci, dès qu'ils viennent d'abord à jetter les yeux fur les autres. Mais s'ils n'ont qu'un Livre avec des Figures deffinées, & qu'ils les parcourent de fuite, ils y prennent tant de goût, que leur Imagination en eft frapée, & fe fortifie de jour en jour. Quoi que je me fois plus étendu fur cet Article, que je ne croïois, je me flate que mes Lecteurs n'en feront pas ennuïez, & qu'ils ne m'en voudront point de mal ; puis que cela fert à mon but & à perfectionner l'Art.

Je reviens donc à l'Exemple propofé. Nos jeunes Ecoliers devineront bientôt, d'eux mêmes, pourquoi & dans quelle vûe on y a tracé les Lignes qu'ils y voient ; ce qui leur fera beaucoup de plaifir, & les animera d'une nouvelle ardeur. Ils remarqueront auffi que toutes chofes tendent à leur Centre, & que le moïen d'avancer en toute fûreté, eft d'aprendre à difpofer tout felon les regles de l'Art. C'eft à quoi les Cercles, les Quarrez, les Triangles, les Lignes droites & obliques, qu'ils ont apris à faire, peuvent bien leur fervir. De cette maniere ils feront toûjours en état de rendre raifon de ce qu'ils font.

Peut-être nous dira-t-on ici qu'il feroit déja tems d'examiner le progrès de nos Ecoliers, & que leurs Parens s'impatientent de favoir s'ils font propres à cet Art. Je ne doute pas que ce ne foit une grande joie pour les derniers, fi on leur dit que leurs Enfans commencent à réuffir. Tout ce que nous pouvons dire à cette occafion, eft que l'un fe trouve d'un esprit plus lent & plus timide que l'autre, & que, pour le ramener là-deffus, il faut le mettre auprès d'un de fes Camarades qui ait plus de feu & de vivacité. C'eft le moïen d'encourager le premier & de le rendre plus hardi, auffi bien que de moderer la hardieffe de l'autre, qui fe don-

C 2

ne

---

* Il eft bon d'avertir ceux qui s'apliquent au Deffein, ou qui aiment cet Art, qu'il y a un excellent *Traité des Paffions de* LE BRUN, avec les Figures qu'il en a deffinées. Mais il faut prendre garde que ce foit l'Original, gravé par le fameux B. PICART, qui le débite à *Amsterdam*. Outre qu'il eft beaucoup plus correct, il a été d'ailleurs augmenté de plufieurs Têtes, depuis les Contrefactions.

ne quelquefois un peu trop carriere. Cette Méthode produit un bon effet des
deux côtez, & un échange qui leur eſt également avantageux, outre qu'elle attire
plus de respect au Maître. A la verité on peut déja s'appercevoir ſi un jeune
Garçon a la Memoire heureuſe, ce qui eſt un beau don, & découvrir quel eſt le
deſſein des Parens à ſon égard, puis qu'il arrive ſouvent qu'on ne veut pas le des-
tiner à la Peinture; & il faut avouër que tous les Eſprits n'y ſont pas également
propres. Mais on ne ſauroit en décider ſi vite, parce que les Aprentis doivent
être plûtôt fermes dans le Deſſein, & plus avancez dans la connoiſſance des Linéamens, des figures & de l'exterieur des objets. Enſuite on leur donne des
Exemples plus difficiles à imiter, & on les exerce à manier le Pinceau, pour les
mettre ainſi peu à peu en état de peindre des Figures Humaines, qui ſont les
plus parfaites Créatures de ce bas Monde. C'eſt pourquoi il faut qu'ils en ſâchent
plûtôt deſſiner toutes les parties, avec le merveilleux arrangement qu'on y voit &
les jointures qui les aſſemblent. Alors on pourra découvrir, comme dans un fidè-
le Miroir, à quoi ils ſeront propres, & ce qu'ils peuvent executer un jour. Du
moins, s'ils aprennent d'abord à bien tracer toutes ces parties, ſuivant les regles
de l'Art, tout le reste, quelque difficile qu'il ſoit, viendra de lui-même; & c'eſt
ainſi que nous les conduiſons à ce qu'il y a de plus parfait.

Cependant cette Méthode ne plairra pas à bon nombre de Perſonnes, ſous
prétexte qu'on ne veut faire de leurs Enfans que de ſimples Deſſinateurs, & que
cela tourneroit à leur honte, quoi qu'il leur ſuſiſe d'un autre côté que cette occu-
pation empêche leurs Enfans de courir par les ruës. Mais tout le monde avoue
aujourd'hui que ce noble Exercice eſt d'une grande utilité, puis qu'il ſert à connoitre les talens de la Jeuneſſe, & ſi elle a du genie ſoit pour la Geometrie, la
Peinture, l'Architecture, l'Orfevrerie, ou toute autre Profeſſion qui demande
quelque esprit; outre que le Deſſein aide beaucoup à regler la vûe & à former le
Jugement. J'oſe même dire qu'il n'y a point d'Art, ni de Science, où il ne ſoit
auſſi néceſſaire que les mains le ſont pour nous aider à manger. Avec tout cela,
on voit que les Perſonnes riches & diſtinguées font d'abord aprendre à leurs Enfans à dancer & à chanter; & lors qu'ils ſont devenus plus robustes, à faire des
armes & à monter à cheval: tous Exercices qui regardent le Corps; pendant qu'ils
négligent ceux qui ſervent à perfectionner l'Eſprit, & qui ſurpaſſent autant les
autres, que l'Ame eſt plus excellente que le Corps. C'eſt ainſi qu'on éleve les Enfans, ſans avoir presque aucun ſoin de leur Eſprit; & cela par une trop grande
paſſion qu'on a pour les Richeſſes: Mais de quoi leur ſervira-t-il d'être deſcendus
d'une Famille noble & illustre, ſi la Fortune vient à leur tourner le dos? Ils n'ont
rien apris d'utile, & il ne leur restera pas la moindre choſe. De ſorte qu'on peut
bien apliquer ici le mot de C A T O N, qui dit, *Opes fluxæ, Ars perpetua*; c'eſt-à-
dire que les Richeſſes s'envolent, mais que l'Induſtrie & la Science demeurent.

D'ailleurs, il n'y a rien de plus propre que ce noble Exercice pour calmer la
fougue de la bouillante Jeuneſſe. Les Lions mêmes, qui ſont les plus feroces de
tous les Animaux, s'aprivoiſent avec le tems. Tout ce qui occupe agréablement
ſert à moderer les Paſſions; & un Naturel doux oppoſé à un Eſprit volage forme
une admirable temperature, comme nous l'avons déja inſinué. Les Anciens
croioient auſſi que l'aigre & le doux mêlez enſemble compoſoient le Nectar des
Dieux. Lors donc que les Peres & les Meres voient que leurs Enfans, qui s'a-
pliquent à notre Art, en deviennent plus ſages, & qu'ils n'aiment pas tant à courir dans les Rues, qu'à rester dans la Chambre, où ils ſe font un plaiſir de leur
travail, il me ſemble qu'ils devroient les abandonner, pour ainſi dire, à la diſcre-
tion de leurs Maîtres, ſur tout s'ils croient les derniers habiles dans leur Profeſſion, & diſpoſez à ne rien négliger pour l'inſtruction de leurs Ecoliers. Quand
on avance de l'un & de l'autre côté, le Maître & le Diſciple en ſont également
encouragez. Ce n'eſt pas en dormant, & ſans aucune peine qu'on devient habile
en quoi que ce ſoit, mais lors qu'on a bonne envie d'aprendre, on peut ſe flater
de réuſſir. Cette ardeur n'a guère plus beſoin d'inſtruction, qu'une ſanté vigou-
reuſe n'exige des remedes.

J'ai trouvé par experience qu'un Eſprit gai réuſſit plûtôt dans la Peinture qu'une
Humeur ſombre & mélancholique. L'inclination jointe à la vivacité a toûjours
fait des Hommes extraordinaires, ſur tout dans ce noble Art, qui eſt d'une ſi

vaste

vaste étendue , qu'il n'y a point d'Art ni de Science au monde , dont un habile Peintre ne soit obligé d'avoir quelque connoissance. La Nature donne plus d'avantage à un Esprit vif & enjoué , que l'Instruction n'en peut fournir à l'autre. Ne voit-on pas aussi qu'entre les plus habiles Maîtres , qui ont porté cet Art au plus haut degré de perfection , il y en a beaucoup plus de ceux qui ne respiroient que la joie & le plaisir , que de ceux qui étoient d'une humeur triste & mélancholique ? RAPHAEL , POLYDORE DE CARAVAGGIO, LEONARD DA VINCI , PERYN DEL VAGA , le PARMEZAN, PRIMATICCIO, PIETRO DE CORTONE ; TINTORET, GIORGEON , LOUÏS & ANNIBAL CARACHE , ALBAN , BASSAN, LANFRANC & divers autres , n'ont-ils pas tous été d'une humeur enjouée, & pleins de vivacité ? *Quoi que les Oiseaux aient des aîles , pour voler*, a dit un certain Auteur , *ils les resserrent avec tout cela , quand ils ont envie de se reposer* : On peut dire de même que les Peintres , qui ont l'esprit vif & ardent , prennent aussi du relâche. Mais lors que les Esprits lourds & pesans veulent se donner l'essor, ils ressemblent au malheureux ICARE , que ses aîles artificielles ne pûrent pas soutenir en l'air.

Du reste il est certain qu'on ne sauroit mieux faire que d'occuper la Jeunesse à l'Etude & aux Sciences ; puis que , si l'argent vient à leur manquer ou non , ils ont toûjours cela par devers eux , & qu'ils se trouvent redevables à leurs Parens de la bonne éducation qu'ils en ont reçue. Il faut avouër d'ailleurs qu'un revers de fortune, comme on parle dans le monde, un Incendie, un Naufrage , ou un Vol , peut nous dépouiller tout d'un coup de tous nos Biens ; sans parler du Luxe & de la Débauche, qui augmentent de jour en jour, qui émoussent l'Esprit, qui ruïnent les Etats , pour ne rien dire des Gens du commun , & qui viennent le plus souvent d'une mauvaise Education. C'est pour cela même que les PYTHAGORICIENS avoient grand sujet de dire que *l'Education étoit le fondement des Villes , & que la prosperité des États dépendoit de la bonne éducation des Enfans* ; puis qu'il seroit très-difficile de retenir dans le devoir des Peuples élevez dans la revolte. Ajoutez à ceci que la Nature ne nous porte guères qu'à l'Interêt particulier , & que l'Education nous enseigne à chercher celui du Public. La Nature nous fait aspirer à la Liberté , & l'Education nous engage à l'obéïssance. Combien ne voïons-nous pas de beaux Genies qui échouent , faute d'être cultivez ? HORACE même nous aprend que l'Education l'emporte sur le Naturel. Ce qu'il y a de plus lamentable, est que le monde est si corrompu , qu'il ne sent pas son mal.

De sorte qu'on peut s'écrier, ô Tems, ô Mœurs ! C'est ainsi qu'on néglige la Vertu & les Sciences. On n'instruit les Enfans que par le seul principe de la nécessité. S'ils doivent posseder un jour de grands Biens, on ne manque pas de les en avertir de bonne heure, & l'on soufre qu'ils passent leur vie dans le luxe , les vanitez du siècle, les jeux, la débauche & toute sorte d'excès. L'amitié mal-entendue qu'on a pour les Enfans, les engage dans cette mauvaise conduite ; & , au lieu de les attacher d'abord à quelque Science , & de leur aprendre à suivre les regles de la Vertu , *on met le Pou* , comme dit le Proverbe , *dans la pelisse*, & l'on seme l'Ivraie, qui ne croît que trop d'elle-même. CICERON dit que c'est un grand malheur , & que les Hommes sucent avec le lait presque tous les desordres & les égaremens où ils se plongent. Un bon Pere de famille tourne ses premiers soins à leur inculquer ce qu'il y a de plus utile , & qui mérite le plus d'estime. Les exercices de la Musique , de la Danse , de la Sale d'armes & du Manége ne quadrent pas avec tout le monde : ces Divertissemens ne font que pour les Personnes de qualité, & ceux qui en peuvent soutenir la dépense.

SIXIEME LEÇON.

Qui que ce soit au monde, quelque habileté qu'il ait d'ailleurs, ne sauroit bien juger d'aucune chose qui regarde l'Art en général , à moins qu'il n'entende le Deſſein à fonds, & qu'il ne l'ait apris dans toutes ſes parties. Il n'y a perſonne, à plus forte raiſon , qui puiſſe donner ſon jugement ſur un Tableau, ni décider ſi le Peintre y a obſervé toutes les règles , lors qu'il ne ſait pas lui-même en quoi elles conſiſtent. C'eſt donc , ſelon moi, une grande ſotiſe à certains Curieux, qui ſe croient habiles, & qui paſſent pour tels , de faire un amas de toutes ſortes de Pièces, avec une ardeur incroïable , ſans ſavoir ce qu'ils achetent , ſi c'eſt de l'Or ou du Cuivre , un Cheval ou un Ane ; & de donner quelquefois cent Ducats d'un Ouvrage de Peinture, qui n'en vaut pas dix ; ce qui ne peut venir que de ce qu'ils ne ſont pas en état d'en juger. Cependant le monde eſt rempli de cette eſpèce de Gens, dont l'ignorance eſt cachée, & qui ne jugent d'un Tableau que par les couleurs qui frapent les yeux, incapables de paſſer outre : mais ſi l'Art ne reçoit aucun avantage de leur égarement, on peut dire qu'il n'en ſoufre aucun préjudice. De ſorte que HOOGSTRATE ne s'éloigne pas du but , lors que, dans ſon *Avertiſſement au Lecteur*, il fait la même Remarque, & qu'il s'exprime en ces termes : „ Ainſi, *dit-il*, cette Introduction ſera fort utile à tous ceux qui „ aiment la Peinture, quoi qu'ils ne ſoient pas Connoiſſeurs , & les empêchera „ d'être dupez dans l'achat de divers Ouvrages ; puis que , par ce moïen, ils „ pourront les eſtimer ce qu'ils valent, ſans avoir égard au Nom des habiles Pein- „ tres, auxquels on les attribue ; comme il y en a pluſieurs qui ont grande opi- „ nion de miſerables Pièces , ſur ce que l'un ou l'autre leur a dit , qu'elles ſont „ de la main d'un tel ou d'un tel Peintre fameux. C'eſt ſans doute une curioſité „ riſible d'eſtimer infiniment quelque choſe, & de le prendre pour un Chef d'œu- „ vre de l'Art, quoi qu'on n'y voie rien de beau ni d'exquis.

D'ailleurs il faut remarquer, qu'on deſſine les Objets viſibles en meſurant toûjours des yeux la diſtance qu'il y a d'une partie à l'autre ; & que , pour s'afermir la main, on doit aprendre la bonne manière de tenir le Charbon de bois ou le Craïon ; laquelle conſiſte à le tenir entre le pouce & le ſecond doigt, & l'appuïer ſur le bout de celui du milieu, qui doit être un peu courbé. Au reſte, le Charbon de bois a toûjours été en uſage pour tracer ; mais depuis que le Craïon eſt venu à notre connoiſſance, il me ſemble, qu'il eſt plus net & plus propre à manier ; outre que, s'il eſt de la bonne ſorte, on peut aiſément en éfacer les traits avec de la mie de Pain. Avec tout cela je croi que le Charbon de bois quadre mieux à ceux qui commencent, & le Craïon à ceux qui ſont un peu avancez.

Le principal de tout le Deſſein conſiſte à bien esquiſſer, & c'eſt pour cela qu'on doit y faire une grande atention. Quelques uns, par exemple, qui ont une Statue à copier, commencent par la tête, qu'ils finiſſent avec tout ce qui en dépend, & achevent enſuite le reſte de la Figure de haut en bas. Cette méthode leur réuſſit mal d'ordinaire, ſoit qu'ils aient fait la tête trop groſſe ou trop petite, & il en reſulte un tout de parties diſproportionnées, qui ne s'accordent point avec l'Original ; ce qui n'arrive que pour n'avoir pas bien obſervé les diſtances, dont nous venons de parler. Que ceux donc qui ont bonne envie d'aprendre, ſe ſouvien-nent, dans tout ce qu'ils auront à deſſiner, de le diſtinguer d'abord en ſes diférentes parties, d'en meſurer les diſtances avec le doigt ou le Craïon, ſans Compas, & d'en juger à l'œuil, qui s'accoutume peu à peu à la juſteſſe, & qui eſt notre principal Guide, comme je l'ai inſinué déja plus d'une fois. Ainſi lors qu'on aura copié l'Exemple ſuivant de la manière que je l'enſeigne, & qu'on poſſedera bien cette Méthode, tout le reſte deviendra facile.

EXEM-

EXEMPLE.

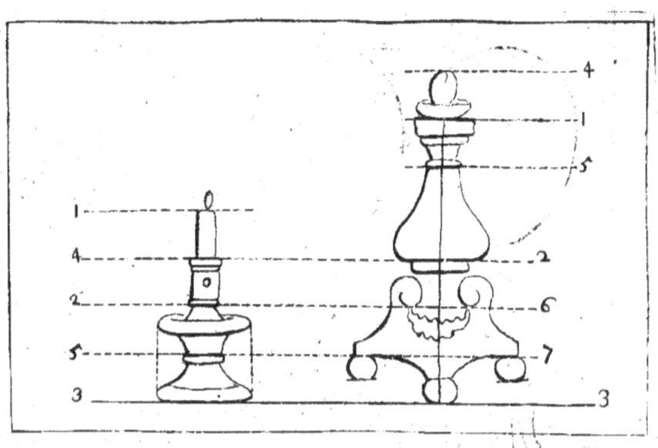

Pour deſſiner les deux Objets qu'on voit ici diſtinguez en différentes parties, on tracera d'abord le petit, & enſuite le grand. Avec votre Charbon de bois vous tirerez une Ligne au ſommet marquée 1 ; une autre au milieu, marquée 2 ; & une autre à la baſe, marquée 3. Vous verrez alors ſi la Figure peut entrer dans l'eſpace que vous y deſtinez. Vous procederez enſuite à marquer les moindres portions juſques au bout, & vous paſſerez ainſi à tracer la Figure. Il eſt aiſé de voir par ce détail que la Géometrie eſt ici d'une abſolue néceſſité, & que ſans elle on ne peut rien tracer de juſte ſur le papier.

SEPTIEME LEÇON.

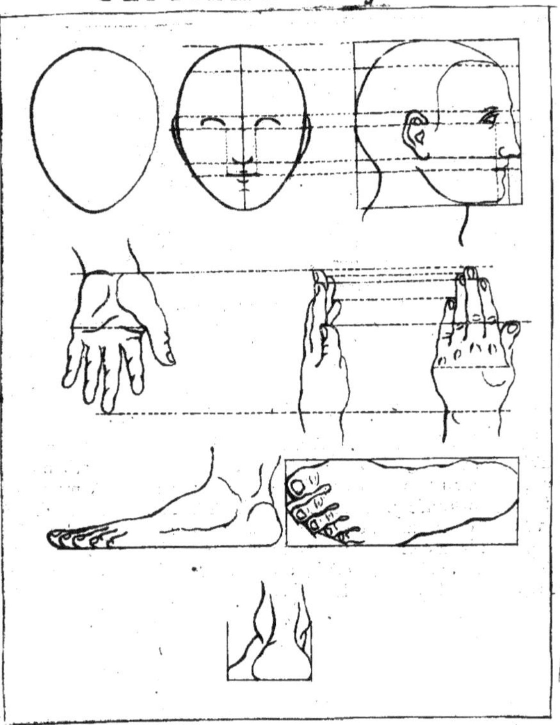

I L faut copier avec foin les Exemples qu'on voit dans cette Planche. Le premier eft un Ovale, ou la figure d'un Oeuf. Le fecond eft un Vifage diftingué en diférentes parties. Les yeux font à une telle diftance l'un de l'autre, qu'il pourroit s'en mettre un troifième entre-deux. Le Nez a le tiers de la longueur du Vifage. La Bouche eft auffi large qu'un Oeuil. Les Oreilles font à niveau des yeux par enhaut, & du nez par enbas, quelque long ou court qu'il foit. Dans le fecond Vifage, on voit le même partage en longueur & en largeur; mais la figure & les proportions de la Tête font diférentes. La premiere eft d'un fixième plus longue que large, & la feconde eft quarrée. Pour ce qui regarde les mains, elles font deux fois plus longues que larges; & chacune de leurs parties a fa propre longueur, largeur & épaiffeur. La longueur du pié eft un fixième de la taille d'un Homme, & il eft de ⅐ plus long que large. La longueur du vifage & des mains doit être exactement égale, & fait tout jufte le dixième de la hauteur d'une Perfonne. On doit remarquer d'ailleurs que ce font les proportions les plus regulieres, tant dans les Hommes que dans les Femmes; & quoi qu'il y ait peu de Perfonnes qui fe reffemblent, il n'y en a point qui foit exceptée de cette regle.

Je donne en même tems d'autres Exemples, comme la figure des yeux, du Nez, de la Bouche & des Oreilles, qu'on doit copier avec foin & une grande atention, afin d'en avoir une jufte idée, & d'être en état, lors que nous y viendrons, de former une Tête bien proportionnée. Je donnerai enfuite des Exemples, où les ombres feront marquées, & que j'appelle corporels, pour les diftinguer de ceux qu'on voit dans cette Planche, qui ne font proprement que des contours.   On

On n'a vû jusques-ici que des Figures vuides; mais on pourra les remplir à cette heure, leur donner du relief par les ombres, & en faire ce qu'on apelle des Corps solides. Puis donc que nos Ecoliers en sont venus si avant, & qu'il ne leur reste plus qu'à savoir disposer les ombres; pour se perfectionner dans ce noble Art, il faut qu'ils s'accoûtement à dessiner avec le Craïon rouge, & à marquer les hacheures d'une maniere nette & distincte, sans les estomper ou gre-ner, comme font quelques uns.

HUITIEME LEÇON.

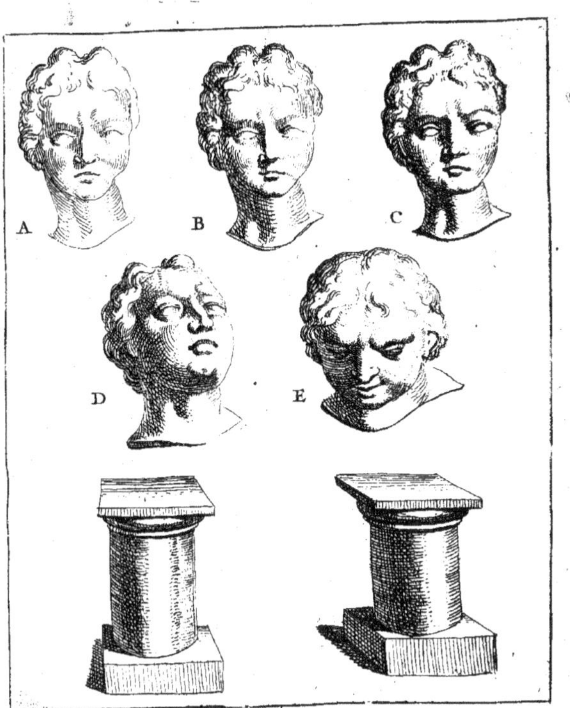

L'Exemple, que l'on voit ici, montre de quelle façon on doit manier le Craïon. Il nous montre en même tems que, pour former les ombres, il faut que les hacheures ne soient composées que de deux traits qui se croisent, ou, en cas de nécessité, de trois pour les plus fortes ombres, &, que, pour les rondeurs, il n'y en ait qu'un seul. Dans les endroits où les enfoncemens & les cavitez exigent toute la force du Craïon, il faut estomper ou gréner; & ce seroit une peine inutile, d'y emploïer plus de trois hacheures les unes sur les autres, comme il paroit dans cet Exemple. Il faut donc le copier avec soin, y donner tout le tems requis & ne pas trop se hâter; car dessiner peu à la fois, y revenir souvent & le bien faire avance plus, que d'ex-pedier beaucoup & de travailler à la hâte. Mais il est ordinaire à la Jeunesse de manquer d'atention & de retenuë, quoi qu'elle ait grand besoin de l'une & de l'autre. C'est pour cela même que les Philosophes ont dit que la Circonspection est d'une absolue nécessité aux Hommes.

E   Afin

Afin donc de bien imiter cet Exemple & tous les autres , après en avoir tracé le contour avec du charbon, il faut le reprendre avec le craïon rouge : Enfuite on éface, avec des mies de pain, toute la faleté du Charbon de bois. Cela fait, on retouche legerement par-ci par-là tous les endroits , qu'on peut avoir ternis en les frotant, comme font les cheveux, les yeux , le nez , la bouche , les doigts , les orteils, le contour , &c. On obfervera de ne faire que des traits fort legers aux contours qui reçoivent le jour , & de plus forts à ceux qui font ombrez. C'eft ainfi que le contour paroit dans fon naturel, & que les Figures humaines, ou tous les autres Objets qu'on a deffinez, ont une beauté & une grace tout extraordinai-res. Enfuite on commencera les ombres par une fimple hacheure, mais raifonna-blement forte, en commençant par le haut, & les conduifant infenfiblement jusques au bas, avec autant d'égalité dans les distances qu'il fera poffible. Alors on paffe à la teinte claire ou à la rondeur , qu'on exprime tout de même par de fimples traits , plus ou moins legers , fuivant l'Objet qu'on a devant les yeux ; car les demi-teintes ne doivent jamais être croifées. Nous voilà déja bien avancez, & l'on peut dire que la moitié de l'Ouvrage eft fait. Pour l'achever & donner toute la force convenable aux ombres, il faut doubler les hacheures & les tripler même, s'il en eft befoin, comme nous l'avons dit ci-deffus. Il ne refte plus qu'à examiner la Copie, à voir s'il n'y manque rien, & fi elle eft conforme à notre Modèle de-puis le haut jusques au bas ; mais fi les ombres ne font pas affez fortes, alors on peut les retoucher.

Au refte l'endroit de chaque Colomne, qui eft également éclairé , s'apelle l'*ex-trême clair* ; celui qui eft également obscur , fans qu'il y paroiffe aucune lumiere, porte le nom d'*extrême ombre* ; & celui qui eft vers l'extremité de la fuperficie ou le contour , s'apelle *rondeur* ; parce qu'une Colomne eft auffi ronde par devant que fur le côté ; ou bien il s'apelle *demi-teinte* , parce que le jour y diminue & s'évanouit. On peut obferver la même chofe , non feulement à l'égard des Colom-nes ; mais auffi de tous les Corps ronds, qui ont un endroit, où le jour s'échape, aux uns plus, aux autres moins ; de même qu'à la furface du Quarré ou du Tail-loir qui eft au fommet des Colomnes, & c'eft ce que nous appellons proprement *teintes fuïantes*. La *demi-teinte* s'apelle ainfi, parce qu'elle tient un milieu entre l'extrême clair & l'extrême ombre , & qu'elle réunit ces deux contraires. Supofé d'ailleurs qu'une de ces deux Colomnes fût auffi chargée de bas reliefs que celle de T R A J A N ou d'A N T O N I N , avec tout cela on diroit en général qu'elle a fon extrême jour & fon extrême ombre, quoi que chaque Figure y eût fon jour & fon ombre en particulier. Il en eft de même que d'une Grape de raifins , dont cha-que Grain mis à part a fon jour & fon ombre ; mais qui joints enfemble font pa-roitre la Grape dans toute fa rondeur.

Pour ce qui regarde les hacheures faites avec le Craïon rouge , peut-être que les Aprentis les trouveront plus difficiles à executer que s'ils grenoient ces endroits; mais ils verront au bout du compte qu'elles fervent à leur afermir la main ; car il eft de la derniere importance que les traits en foient également gros ou minces, ferrez ou éloignez les uns des autres , afin que les teintes fombres ou claires en paroiffent davantage. C'eft pour cela même qu'elles demandent plus de jugement & d'exaétitude ; puis qu'on doit favoir au juste quel effet produiront deux , trois ou quatre traits qui fe croifent les uns les autres ; tout comme en fupputant une Somme en Arithmetique, on fait que deux fois deux font quatre , & deux fois quatre huit : ce qui ne peut jamais arriver lors qu'on estompe ou grene ces en-droits, comme il eft aifé à chacun de le concevoir. Au reste on verra bien que nous n'amufons pas nos Eleves à des bagatelles, & que nous cherchons leur profit autant qu'il eft poffible. Qu'aucun donc ne s'ennuïe de ce qu'il va fi lentement, puis qu'il trouvera dans la fuite que tout lui devient plus facile , & que fa main s'afermit de jour en jour.

Peut-être qu'il paroitra fort fingulier à quelques uns que je donne ici le même Exemple de trois ou quatre diférentes manieres ; ce que j'ai fait non feulement à caufe de la varieté qu'on y voit, & dont on s'apercevra bientôt lors qu'on voudra le copier ; mais fur tout afin qu'on aît une idée plus exaéte du tour des hacheures, tel qu'on le voit dans la Tête qui panche en arriere , & celle qui panche en de-vant. Voïez, je vous prie, les hacheures qui paroiffent au front de celle qui eft

mar-

marquée D, & de l'autre qui fuit marquée d'un E; les unes tournent en haut en forme d'Arc, & les autres en bas. On apercevroit mieux cette différence dans une Colomne qui feroit ombrée au-deffus & au-deffous de l'Horifon, fur tout fi l'on entend la Perfpective. Il fufira donc pour le préfent qu'on fâche en quelles circonftances il faut varier les hacheures, & qu'on y accoutume la main; puis que c'eft en cela que confiste la belle maniere. Mais on doit bien prendre garde que ce n'eft pas la feule chofe qu'il y ait à obferver, & qu'un Contour exact & hardi n'eft pas moins effentiel à un Ouvrage, qui, fans cela, deviendroit inutile & de nulle valeur.

NEUVIEME LEÇON.

Après avoir parlé jusques-ici de Têtes, de Mains, & de Piez, auffi bien que du maniment du Craïon rouge; nous en viendrons à pas comptez aux Figures entieres. Je préfente ici à mes Ecoliers un autre Exemple, afin qu'ils y obfervent la ftructure des membres folides & leur jonction. Ils ébaucheront donc ces deux Figures en gros, ou leurs principales parties, avec du charbon de bois; ils n'y emploïeront que des traits legers, mais exacts, & ils commenceront par celle qui eft debout. Il faut d'ailleurs qu'ils commencent toûjours par le côté droit de la Figure, parce qu'ainfi les premiers traits font toûjours expofez à l'œuil, & que le reste fuit plus naturellement & donne moins de peine; au lieu qu'à commencer par le côté gauche, la main vous dérobe l'objet, & vous empêche de le voir. A-vant même qu'un jeune Eleve aplique fon Charbon fur le papier, il eft à propos & fort avantageux qu'il tienne quelque tems fon Modèle à la main, qu'il le con-fidere avec toute l'atention poffible, qu'il prenne garde comment les Figures &

E 2

leurs

leurs principaux membres fe répondent enfemble , à la fituation de la plus haute & de la plus baffe, *&c.* jusqu'à ce qu'il ait imprimé dans fon idée toutes leurs attitudes ; ce qui lui donnera une grande facilité pour l'execution.

Du reste il n'eft pas encore tems d'exiger d'un Eleve que fa Copie foit plus grande ou plus petite que fon Modèle ; la tâche feroit un peu trop rude ; ainfi je me borne à lui demander qu'il la faffe de la même grandeur.

Afin donc que cette Figure foit tracée de la maniere la plus fûre & la plus exaĉte, il faut qu'il tire d'abord fur le papier, avec le charbon, la Ligne centrale ou perpendiculaire, & qu'il fuppute en lui-même le raport qu'il y doit avoir entre la tête & le pié fur lequel la Figure s'appuie ; comme je l'ai montré dans la fixième Leçon à l'égard du Chandelier & du Pot à Biere. Qu'il mette enfuite un point à l'endroit, où il conjecture à peu près qu'il doit placer la tête , le nombril & le pié, & qu'alors il ébauche les principales parties de la Figure du haut en bas. Cela fait, il verra bien en gros à quelle hauteur la Figure fuivante doit commencer, & il dira en lui-même, comme s'il vouloit enfeigner quelcun, le fommet de la tête de cette Femme doit être à niveau de la poitrine de l'Homme, où il marquera un point ; fon menton doit être à niveau du nombril de l'Homme, encore un point ; & ainfi de toutes les autres parties jusques au bout : de cette maniere tout eft mis dans fa jufte place. Mais pour l'executer, il faut que le Deffinateur foit en repos, & qu'il n'entende aucun bruit, parce qu'alors il peut aifément remarquer fes fautes & les corriger fur le champ, & devenir, pour ainfi dire, Maître, quoi qu'il ne foit qu'Aprenti. Il n'aura même guère plus de peine à ébaucher quatre ou cinq Figures de fuite, ou une vingtaine fi l'on veut, qu'une feule ; à cela près que le nombre emporte plus de tems : car il peut fuivre à l'égard de toutes la méthode qu'il a obfervée dans cet Exemple, & qui fait voir que les Figures d'une Compofition naiffent en quelque maniere les unes des autres. Lors donc que l'Ebauche eft tirée en gros, & que les principales parties fe trouvent dans leur jufte place, il aportera une grande atention à comparer fa Copie avec fon Modèle, pour voir fi l'arrangement y eft bien obfervé, & fi les Figures produifent tout leur effet ; du moins fi cela n'eft pas marqué dans l'Ebauche, il y aura tant de peine & d'ennui à replacer & à racommoder toutes chofes, qu'il perdra l'envie & l'ardeur qu'il avoit pour cet Ouvrage , avant qu'il foit à-demi executé. Mais fi l'Ebauche eft bien tracée ; fi le contour des parties eft bien obfervé ; que l'on y ajoute, ou que l'on en retranche ce qu'il faut , avec beaucoup d'exactitude, on peut s'atendre à un heureux fuccès.

Du reste, lors qu'on vient à paffer le Craïon rouge fur l'Ebauche, on doit prendre garde fur tout à n'en pas faire éclipfer l'esprit qui s'y trouve déja ; ce qui peut arriver aifément, fi l'on ne remarque pas quelles font les parties qui caufent le mouvement naturel & l'action des Figures.

D I X I E M E L E Ç O N.

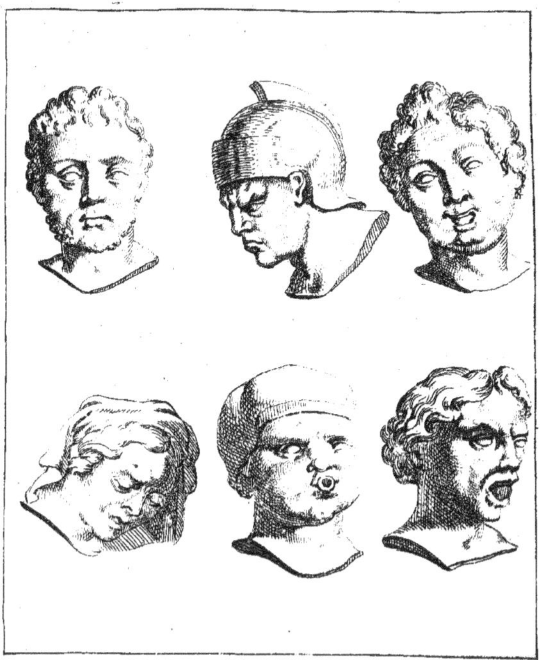

Lors qu'un Ecolier entendra bien tout ce que nous avons vû jusques-ici, il fera tems qu'il donne des preuves de ce qu'il fait faire dans le Deffein, & qu'il montre, pour me fervir de cette Expreffion proverbiale, s'il eft ferme fur fes piez. Alors on lui donnera un foible bas-rclicf, c'eft-à-dire peu élevé en boffe, de deux Figures, l'une habillée & l'autre nuë, pour voir s'il a bien compris tout ce que nous avons déja remarqué fur les Ebauches, l'Ordonnance, & le tour des hacheures, fuivant la diverfité des Objets. Mais il faut prendre garde fur tout qu'il ne mette pas fon Modèle trop près ou trop loin du jour, & qu'il le tienne à une diftance fi proportionnée, que l'ombre en foit forte & raifonnable; car plus il fera éloigné du jour, plus les ombres en paroitront foibles & douteufes. En deuxième lieu, il ne faut pas que l'Ecolier s'affeïe trop près de l'Objet; mais il doit en être à une distance convenable; c'eft-à-dire que, s'il peut bien distinguer les attitudes, fur tout les ombres des yeux, du ncz, de la bouche, & des autres parties effentielles, il n'en eft pas trop éloigné. Fn troifième lieu, il doit placer l'Objet à une telle hauteur, que les yeux des Figures foient à niveau des fiens, comme nous le dirons plus au long dans la fuite. En quatrième lieu, il doit prendre garde à ne recevoir qu'un jour médiocre à travers une feule Fénêtre, parce qu'alors on obferve mieux les Ombres, qu'un trop grand jour, qui vient de plufieurs endroits écartez les uns des autres, augmente beaucoup, & dont l'étendue eft ainfi douteufe. Il feroit inutile d'enfeigner ici à un jeune Eleve de quelle maniere il doit tenir fon Porte-fcuillc ou l'Aïs fur lequel il deffine, puis qu'il le voit pratiquer tous les jours à d'autres, & que cela paroit dans l'Exemple, qui eft à la tête de notre douzième Leçon. Après donc qu'il aura copié le bas-relief, dont nous venons

F   de de parler, il le fera voir au Maître, qui pourra juger là-deſſus, s’il eſt en état de paſſer outre, & d’en venir à deſſiner, avec le blanc & le noir, ſur du Papier gris ou bleu; car d’abord qu’on fait bien marquer les hacheures, cela conduit facilement au reſte.

O N Z I E M E L E Ç O N.

APRE's avoir parlé de l’ébauche & de la poſition des Figures dans la ſixième & neuvième Leçon, comme auſſi du tour des hacheures dans la huitième, il ne ſera pas inutile d’en venir au Deſſein qui ſe fait avec le Craïon blanc & noir, ſur du Papier bleu ou gris. Pour aquerir de la facilité à cet égard, il n’y a pas de meilleur moïen, que de s’exercer à imiter des Deſſeins rehauſſez de blanc & de plâtre, puis que *la Coûtume*, à ce que dit le Proverbe, *eſt une ſeconde Nature*. C’eſt dans cette vûe que nous préſentons ici à un jeune Eléve des Têtes imitées du Plâtre. Mais au lieu que, ſur le Papier blanc, on doit arrondir les Objets par les ombres, & ménager les jours: au contraire, on doit ici ménager les ombres & arrondir les jours avec le Craïon. Ce n’eſt pas qu’on n’ait plus beſoin des ombres; mais il n’en faut que peu, & même en certains endroits. Lors qu’on a tracé le contour, on deſſine, avec le Craïon blanc, les parties les plus relevées & les plus éclairées, comme le front, le nez & les joues; enſuite on les adoucit peu à peu, non pas avec des hacheures, mais en estompant, aux ſeuls endroits où le jour vient à manquer, & où il ſe réunit avec l’ombre, comme on peut le voir ſur de pareils Deſſeins. Cela fait, on prend le Craïon noir ou rouge, & l’on acheve les ombres avec des hacheures par tout où il y en doit avoir: enſuite on éclaircit les jours de la même maniere avec le Craïon blanc.

Outre que cette maniere de deſſiner eſt fort agréable, elle eſt d’ailleurs plus expeditive, & par conſéquent plus avantageuſe à un Peintre. Je ne voi pas même, s’il m’eſt permis de dire ma penſée, que les hacheures ſur le Papier blanc ſervent de quelque choſe à la Peinture, au lieu que l’autre Méthode lui eſt d’un grand ſecours. En effet, ſi le Craïon étoit de toutes ſortes de couleurs, ce qu’on auroit craïonné ne paroitroit-il pas tout de même que s’il étoit peint? C’eſt pour cela donc que ceux qui ont bonne envie de réuſſir dans cet Art, & de s’y rendre un jour habiles, ne doivent pas négliger de s’inſtruire à fonds de cette Méthode, qui n’eſt pas d’ailleurs ſi facile, qu’on pourroit ſe l’imaginer, à moins qu’on n’ait apris auparavant à manier le Craïon rouge. D’un autre côté, on ne doit pas ſe laiſſer éblouïr par une belle maniere; puis que le plus beau & le plus expeditif maniment du monde ne ſauroit jamais faire un habile & accompli Deſſinateur: La poſition exacte & le beau contour ſont les principaux dégrez, par où il doit s’élever à la perfection. De là vient auſſi que je recommande ſur toutes choſes aux jeunes Ecoliers de ne s’adonner à la Peinture, qu’après qu’un habile Maître aura jugé qu’ils ſont experts dans le Deſſein. Ce n’eſt pas que je diſe, avec quelques uns, qu’il faut emploïer dix-huit, vingt, ou vingt-quatre ans même à manier le Craïon, avant que d’en venir au Pinceau. Bien loin de là, je trouve que c’eſt une impertinence ridicule de vouloir qu’un jeune Garçon ajoute ce nombre d’années à celles qu’il avoit lors qu’il s’eſt mis au Deſſein, pour être en état de faire un bon uſage de ſa Raiſon. Mais il n’eſt que trop ordinaire aux jeunes Ecoliers, qui s’entendent un peu louer, de ſe croire capables d’en venir d’abord à la Peinture, quoi qu’ils ſâchent à peine bien tenir le Craïon, & qui veulent paroitre des Hommes faits, avant qu’ils ſoient ſortis de l’enfance. Il y en a d’autres, qui pleins d’ardeur dès le commencement, la perdent presque auſſitôt. On en voit une troiſième ſorte, compoſée de ceux qui cherchent toûjours quelque délai, qui ſautent, pour ainſi dire, du Coq à l’Ane, qui ont la tête pleine de Rats, qui entreprenent à toute heure quelque nouveau Sujet pour la diverſité, ſoit qu’ils ſe plaiſent à la Muſique, à la Comédie, ou à lire des bagatelles; ce qui ne peut que les détourner de l’aplication que demande un ſi bel Art. Il faut qu’un jeune Ecolier renonce à tout ce qui peut lui faire perdre ſon tems; qu’il ſurmonte les obstacles qui ſe trouvent en ſon chemin, & qu’il ſoit devenu Maître, avant qu’il cherche les occaſions de ſe divertir, qui ne s’ofrent alors que trop d’elles-mêmes. Au lieu d’emploïer

ploïer fon argent à fe procurer des plaifirs criminels, ou inutiles; il vaudroit bien mieux qu'il en achetât de belles Estampes, de bons Livres qui traitent de la Peinture, des Academies deffinées, ou des Figures de plâtre. Ceux qui aiment véritablement cet Art, doivent s'y adonner tout entiers, & ne point lâcher prife, qu'ils n'en foient venus à bout. Le Ciel feconde toûjours leurs éforts, & les Poë-tes de l'Antiquité avoient raifon de dire que ,, les Dieux n'accordent aucun bien ,, aux Hommes fans le travail ", *Dii laboribus omnia vendunt.* Mais revenons à notre fujet.

Puis que nous avons déja inftruit notre Eleve à copier un Deffein, il eft à pro-pos qu'il fâche de quelle maniere il faut deffiner le Vifage riant qui paroit ici. Il ne doit marquer d'aucun trait les petits plis qui font dans les endroits éclairez, parce qu'ils feroient alors trop rudes, & que le fonds du Papier fufit pour cela; quoi que tout le monde ne foit pas de cet avis. Il commencera donc par le plus haut jour, c'eft-à-dire le Front; de là il paffera au Nez, & ainfi de fuite: mais, pour en venir à bout, il fera d'abord une grande partie de lumiere, qu'il diftri-buera comme nous l'avons déja dit, après y avoir ajouté le plus haut éclat. Supo-fé, par Exemple, qu'un Vifage fût traverfé par quatre Lignes parallèles, dont l'une paffât à la hauteur des yeux, l'autre à celle du nez, la troifième à celle de la bouche, & la derniere à celle du menton: Prenez enfuite un Papier, & cou-vrez en le Vifage jusques à la plus haute Ligne; vous n'en verrez alors que le front: Paffez le Craïon dans tout cet endroit éclairé; cela fait, baiffez votre Pa-pier jusques à la feconde Ligne, & continuez par le nez, qui vient directement du front: paffez de-là aux jouës & aux yeux, & à tout ce qui eft de leur dépen-dance: vous voïez ainfi qu'un jour naît de l'autre. Venez enfuite à la bouche & à la machoire, & refervez le menton pour le dernier. On verra bientôt qu'à fuivre cette méthode, on atrape beaucoup mieux la reffemblance. Il en eft à peu près comme d'une Demoifelle, qui, fe cachant le vifage fous un Eventail, nous donne envie de la découvrir, montre d'abord les yeux; enfuite le nez, la bouche, & nous laiffe voir enfin qu'elle eft la même pour qui nous l'avions prife. Pour abréger chemin & gagner du tems, il n'eft rien de plus fûr que d'avoir une bonne méthode, & d'obferver un ordre naturel.

A préfent notre jeune Eleve pourra deffiner les plus belles Figures de plâtre qui fe trouvent, comme l'APOLLON, la VENUS de *Gréce*, l'ANTINOÜS, & autres Pièces jettées au moule. Ceci ne peut que lui donner de l'émulation, & le mettre en état de fe rendre un jour fort habile. C'eft ainfi qu'il fe perfection-nera peu à peu, & avec plaifir dans le Deffein, & qu'il paffera de l'imitation de ces Figures de plâtre à deffiner d'après nature; puis que l'un eft le dernier degré qui conduit à l'autre.

Douzieme Leçon.

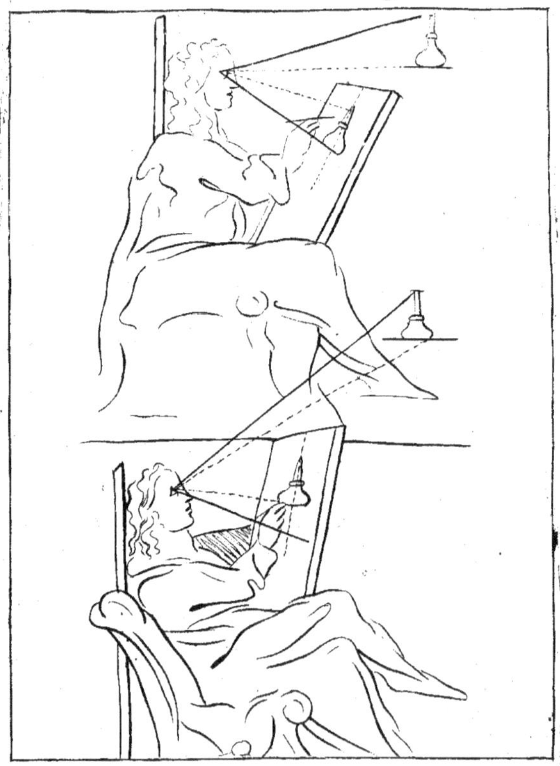

Nous n'avons plus rien à dire à notre Ecolier, que sur la posture où il doit se tenir, pour voir commodément les Figures qu'il veut dessiner, & qui se trouvent à une hauteur plus ou moins grande. Quelque chose donc qu'il ait devant les yeux, & qu'il veuille imiter, il doit toûjours observer la méthode qu'il voit ici dans l'Exemple de la Bouteille. Lors que la base de l'Objet se trouve à niveau de l'œuil, il doit se fixer d'une telle maniere, soit debout ou assis, qu'il puisse envisager l'Objet, de même que l'Ais sur lequel il travaille, sans remuer la tête ni en haut ni en bas ; parce qu'outre la perte du tems que cela cause, l'œuil en est distrait & s'égare. Pour ce qui est de la distance où l'on doit se tenir, il faut qu'elle soit proportionnée à la grosseur de l'Objet, & que plus il est gros, plus on s'en éloigne ; comme nous le ferons voir plus au long dans la suite, lors que nous parlerons du Dessein d'après nature.

Il est tems que notre jeune Eleve s'occupe à dessiner en grand le Modèle qu'on lui donne en petit, ou en petit ce qu'il voit en grand ; puis qu'il est d'une absolue nécessité qu'il s'exerce à bien juger des proportions, & que, par une longue habitude, son Oeuil lui serve de Règle & de Compas.

Lors que les Ecoliers auront poussé jusques-ici, & qu'ils auront bien apris tout ce que nous venons d'enseigner, il est à propos qu'ils examinent leurs forces & leurs talens, qu'ils voient de quel côté leur penchant les entraine, & de quelle maniere ils prétendent s'établir dans le Monde. Car il n'y a point d'Art ni de Science, dont, avec le secours du Ciel, on ne puisse venir à bout, lors qu'on y a de l'inclination & qu'on suit une bonne méthode.

Ainsi leurs Peres ou leurs Tuteurs doivent leur chercher d'habiles Maîtres, pour les aider à réussir dans le choix qu'ils auront fait, puis que leur succès dépend de l'habileté du Maître. Il seroit à souhaiter que ceux qui ont des Enfans profitassent de cet Avis, dont la pratique ne manqueroit pas de nous amèner, aussi bien qu'en *Italie*, en *France* & ailleurs, de bons Artistes & d'excellens Maîtres, qui animeroient quantité de bons Genies, qu'il y a dans ces Provinces, & qui deviennent inutiles ou s'abâtardissent par la négligence des Peres ou des Tuteurs. En effet un bon Champ, qui est bien labouré, fumé & ensemencé, porte toûjours quantité de bon Grain.

Figure N. 1.

N. 1

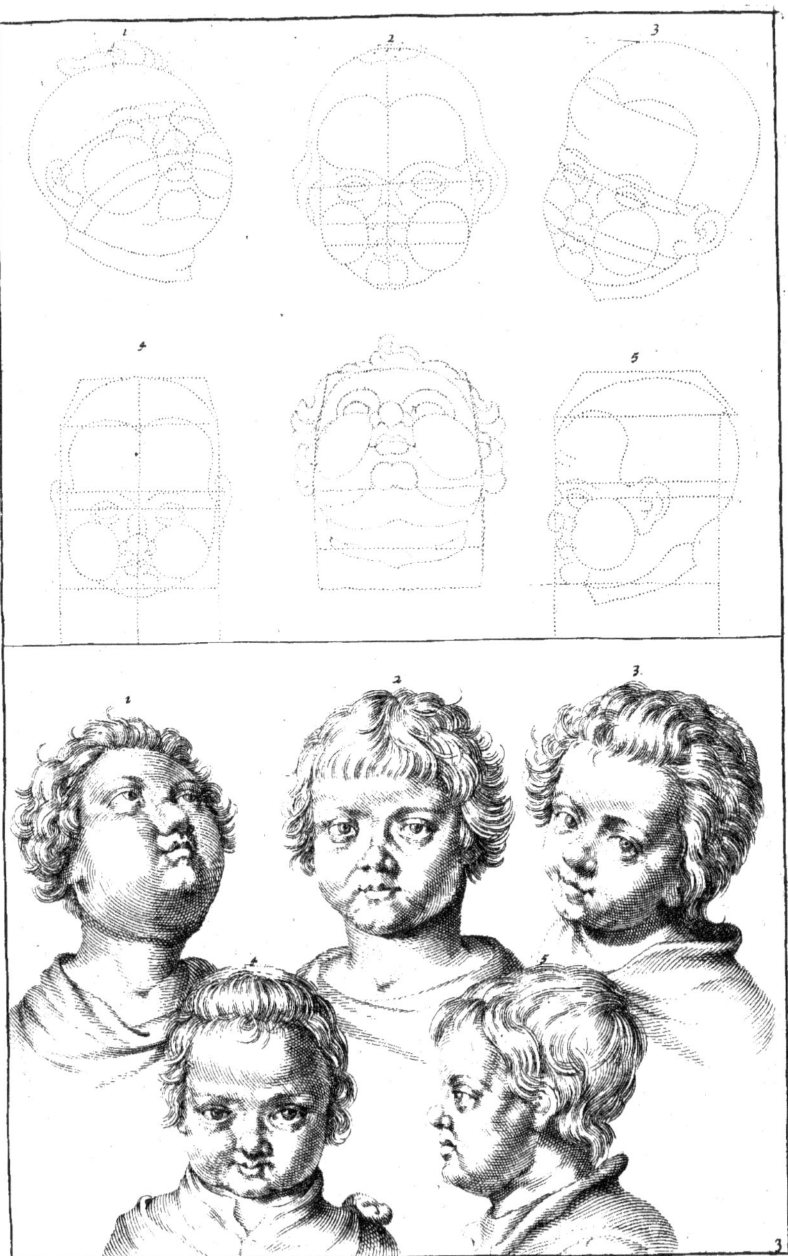

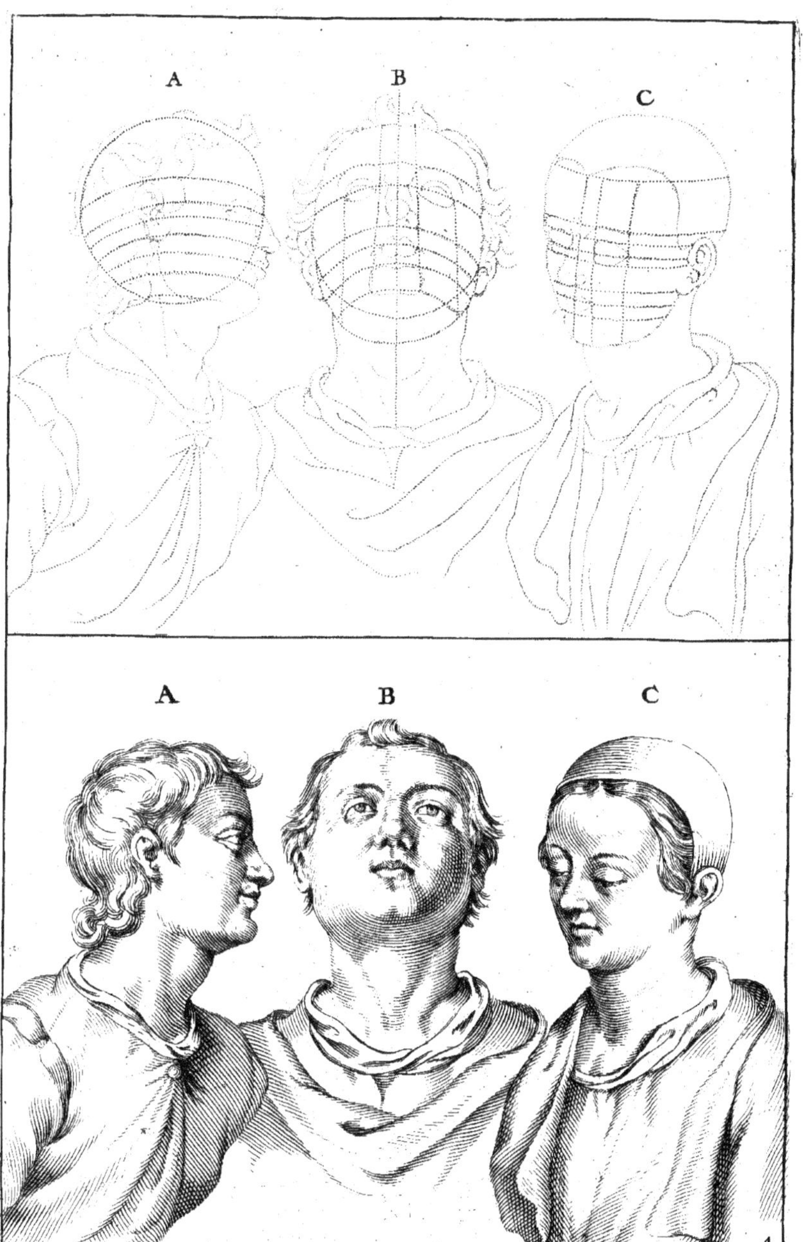

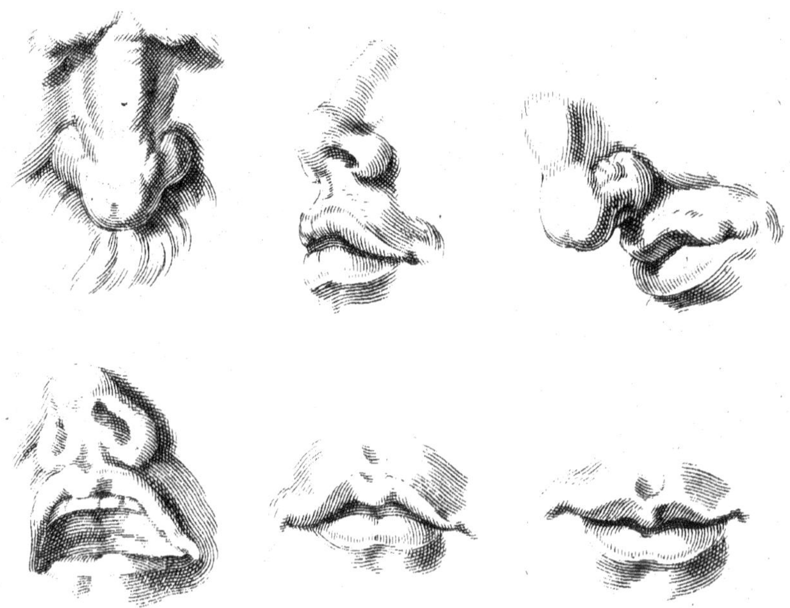

5.N.1.

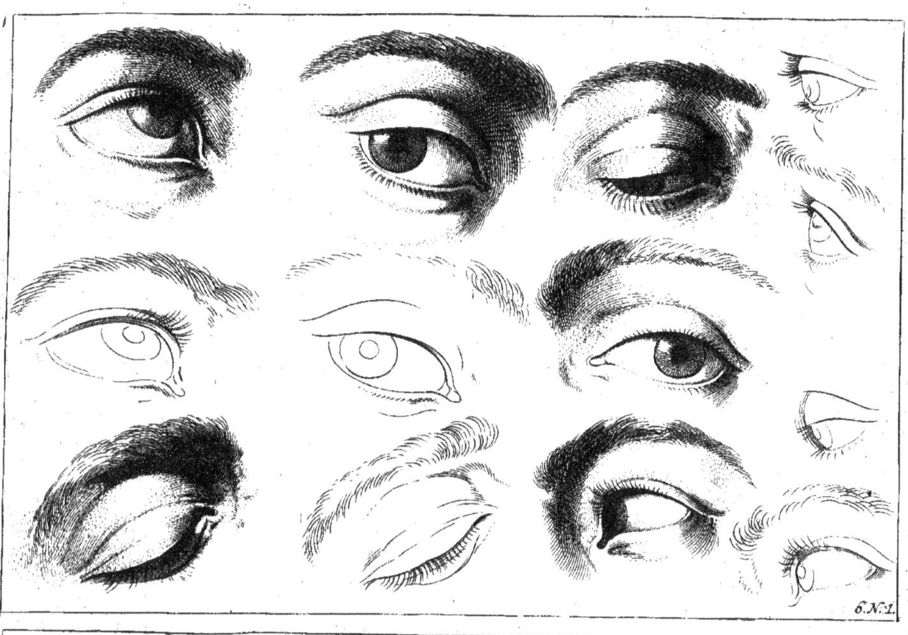

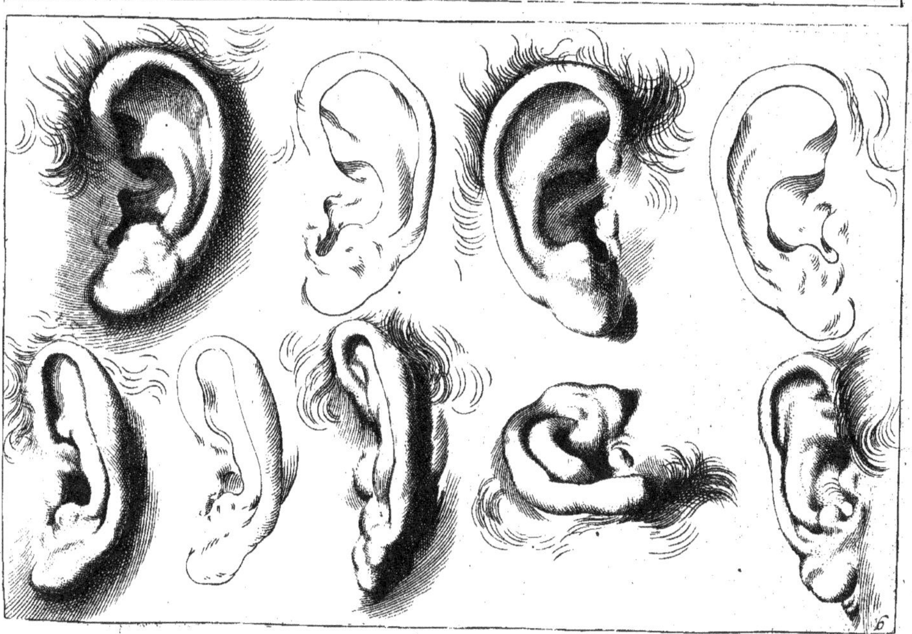

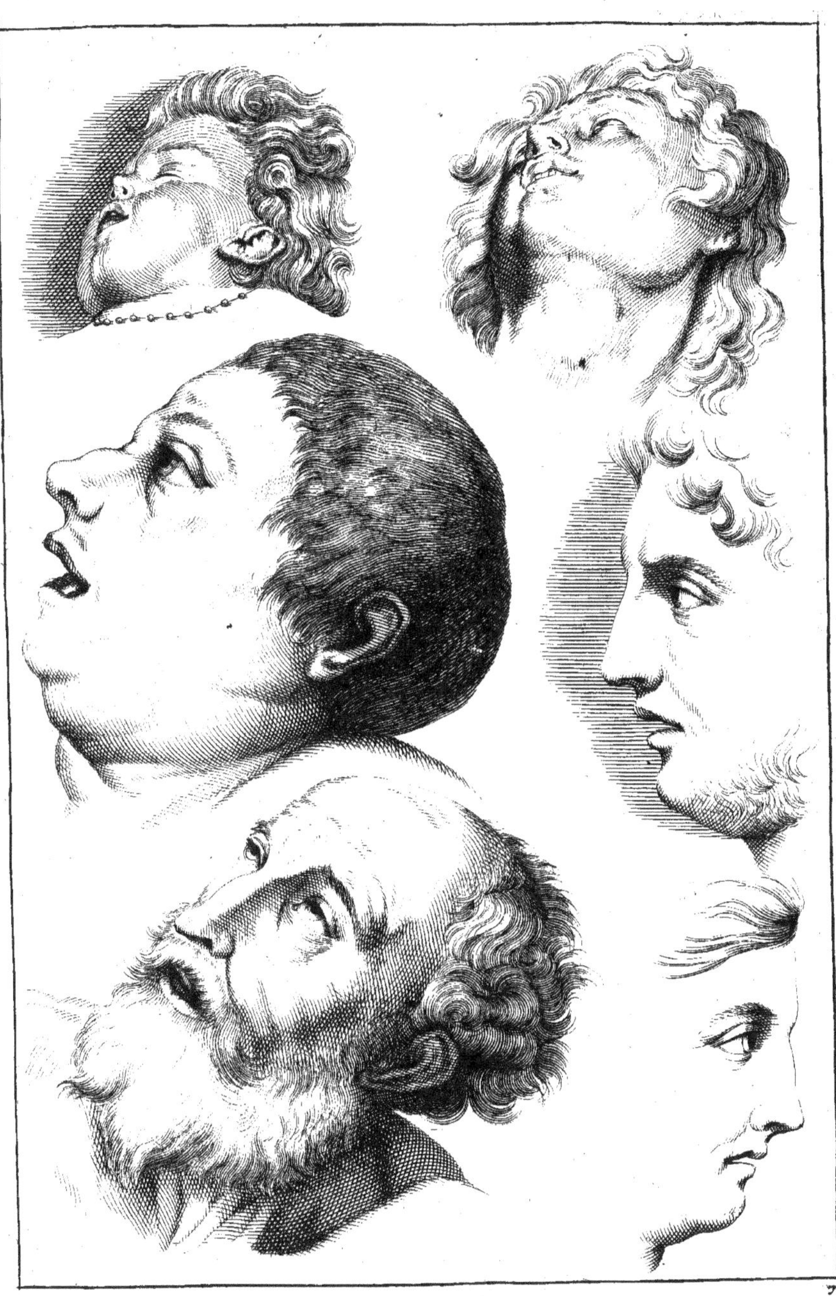

8

9

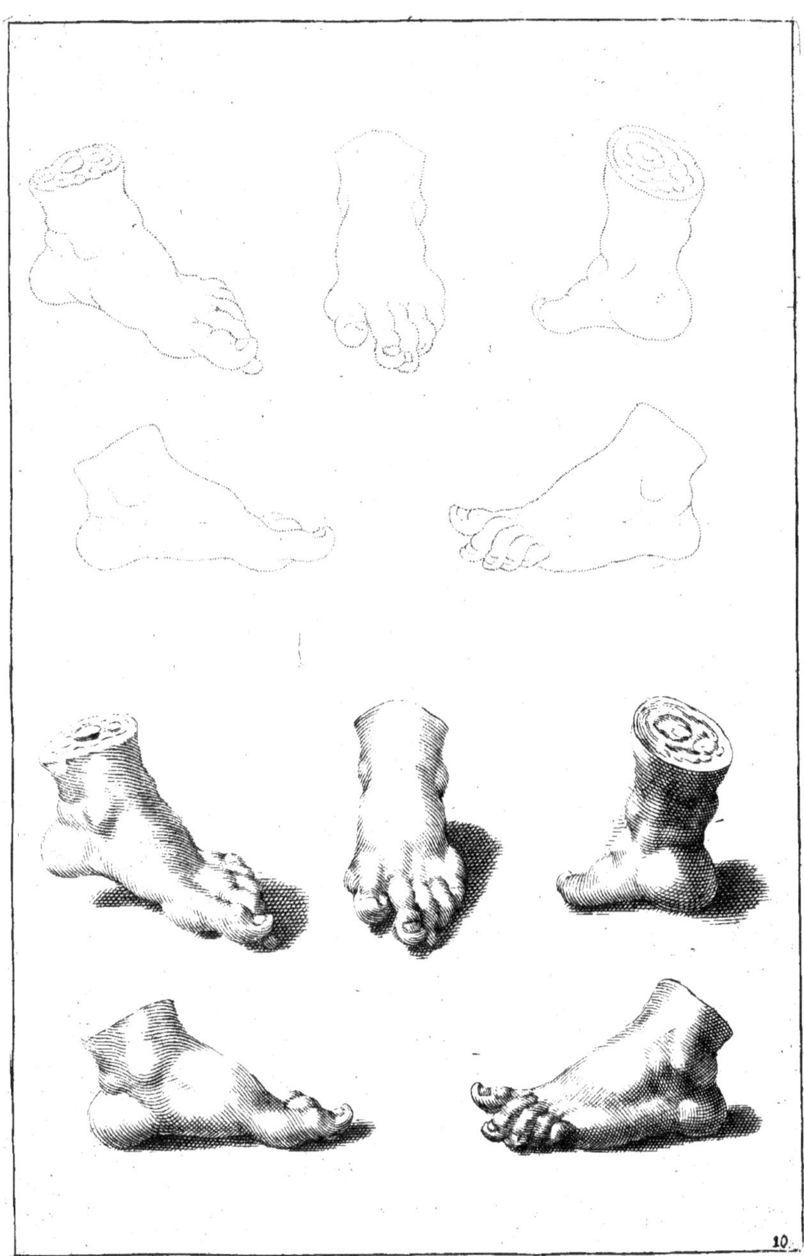

10

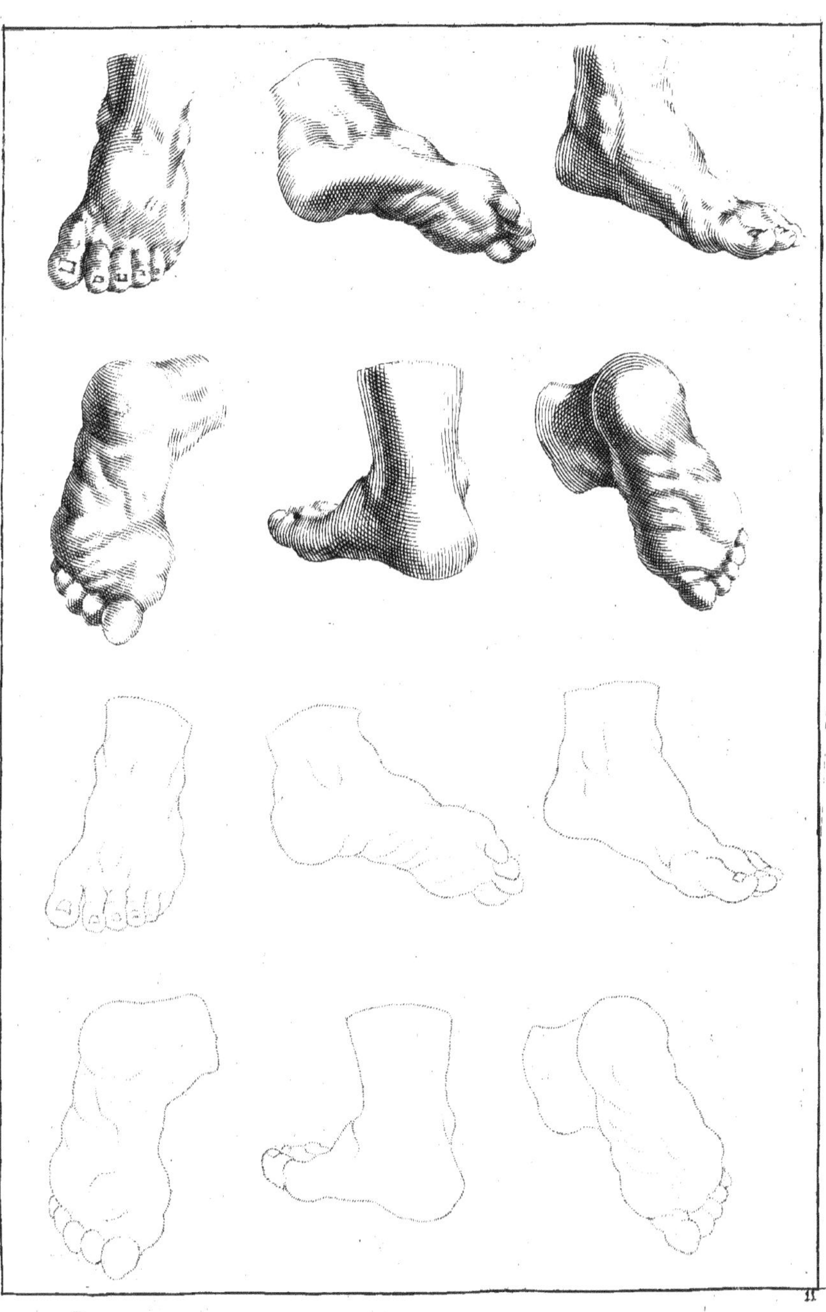

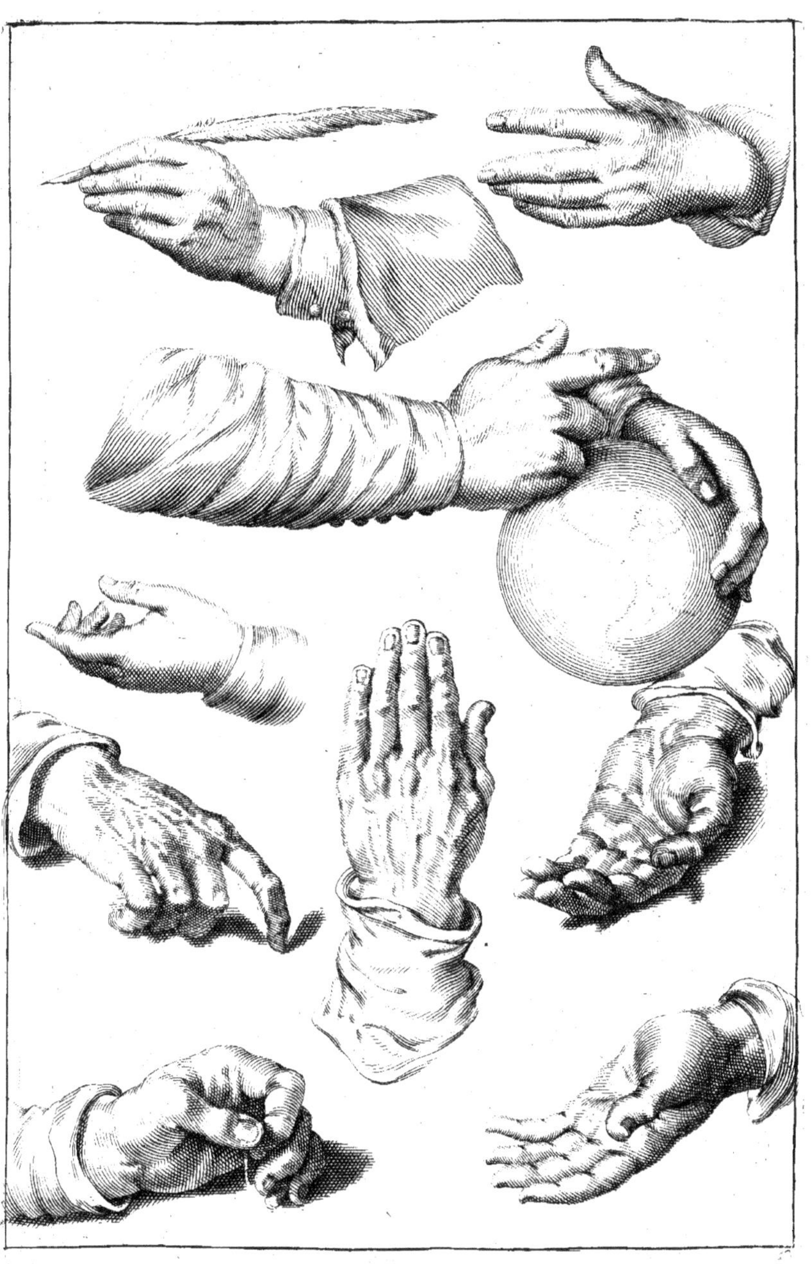

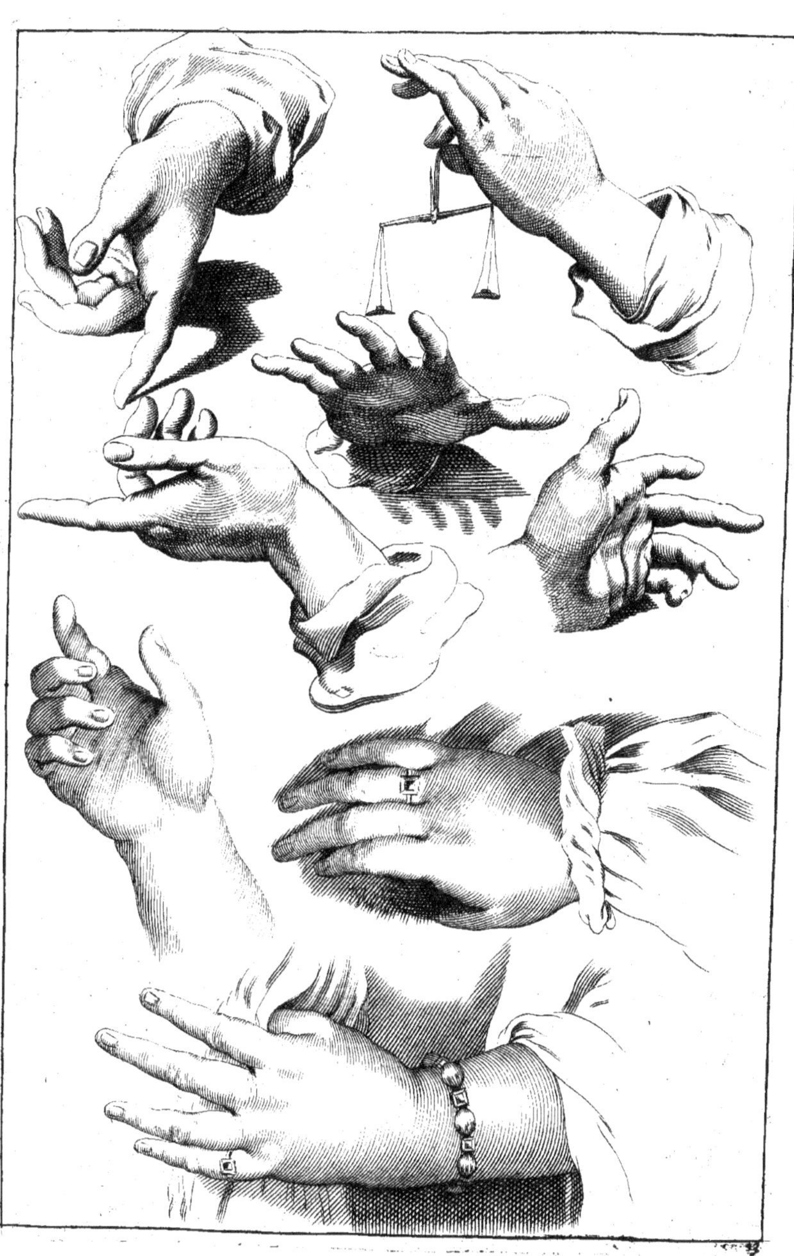

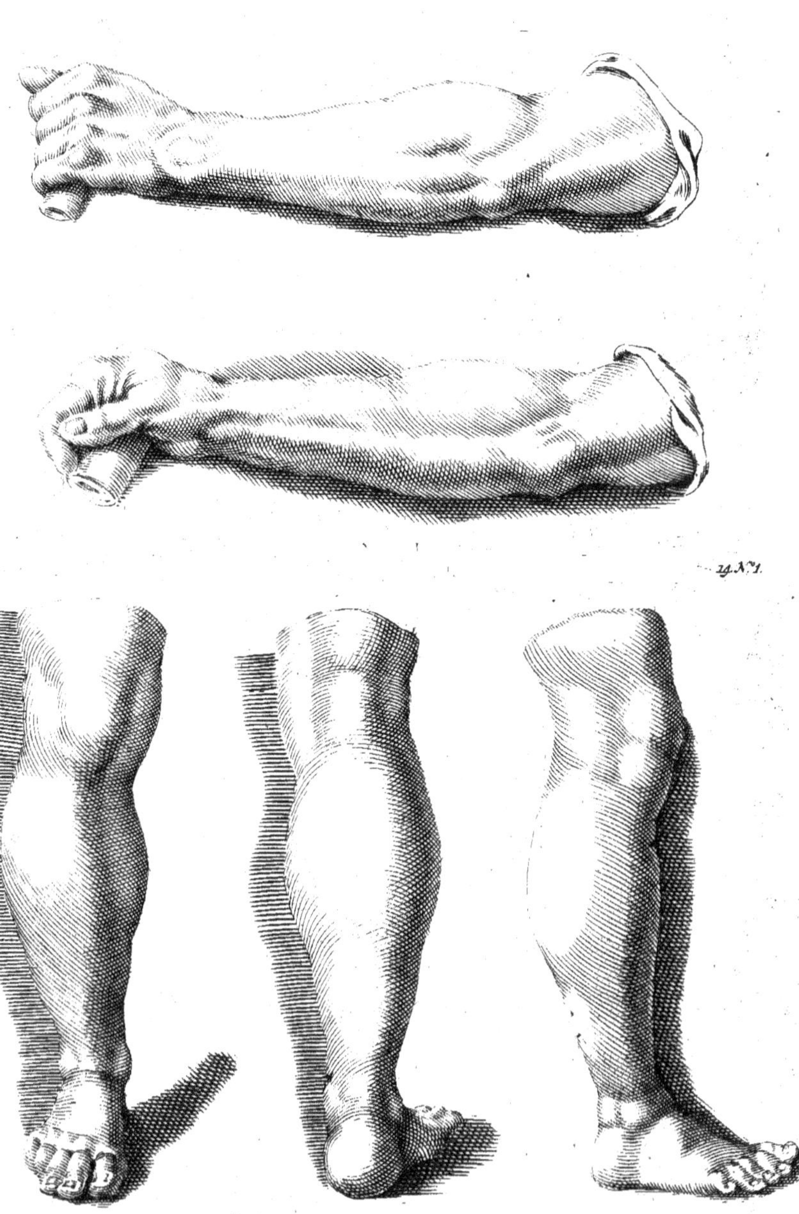

14. N.º1.

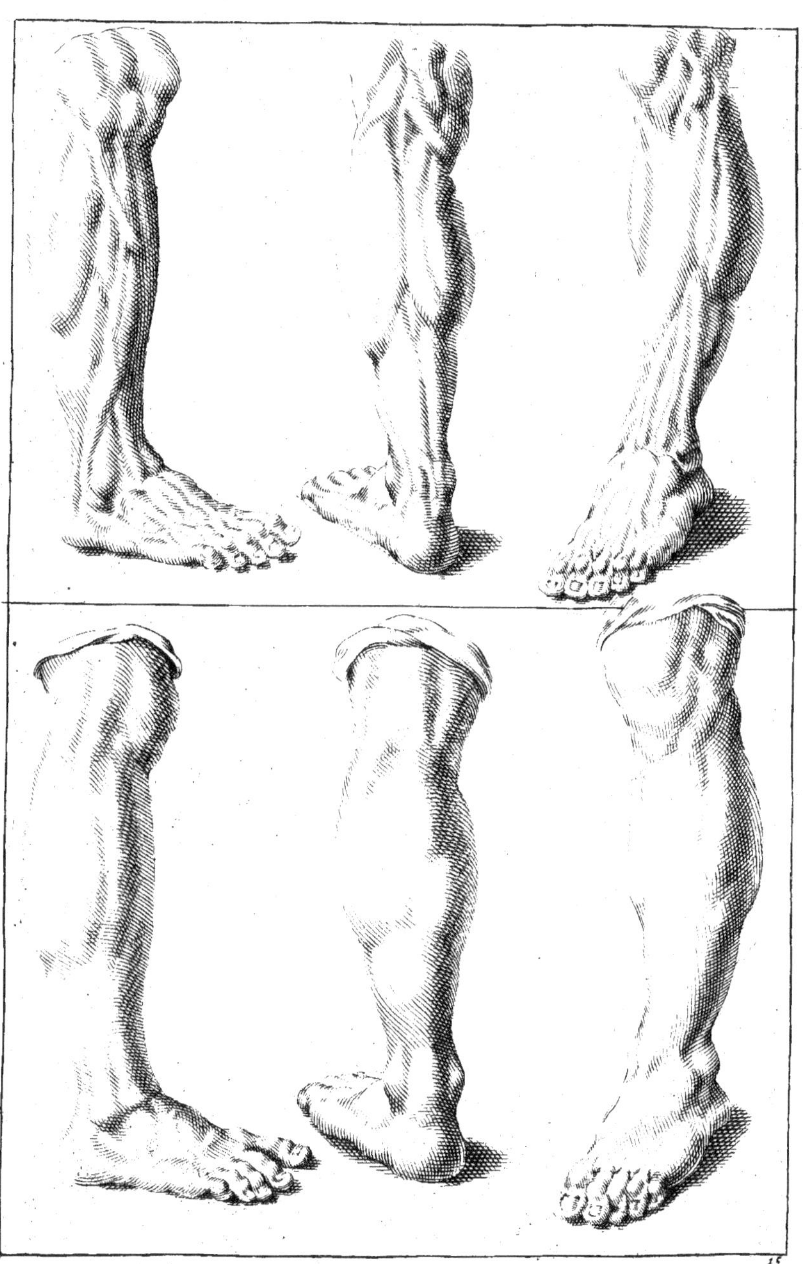

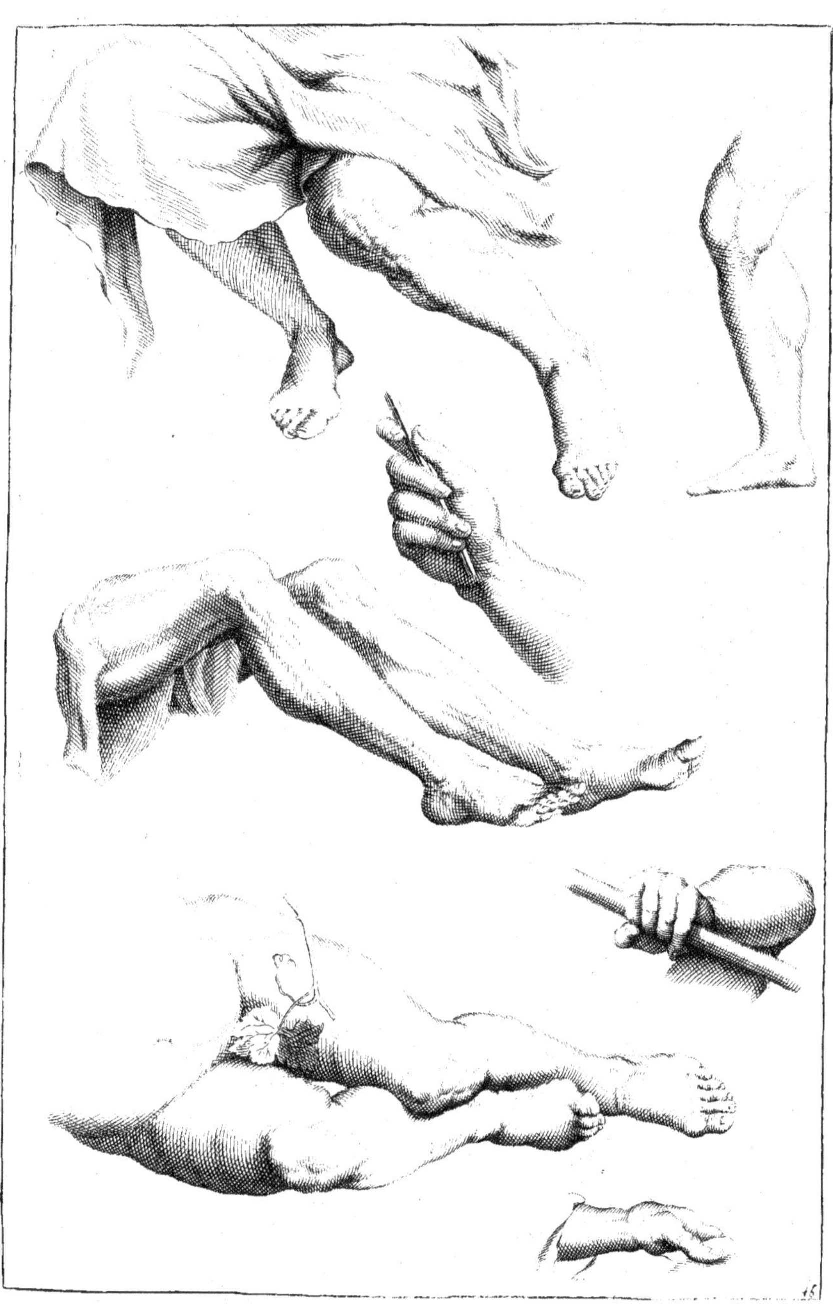

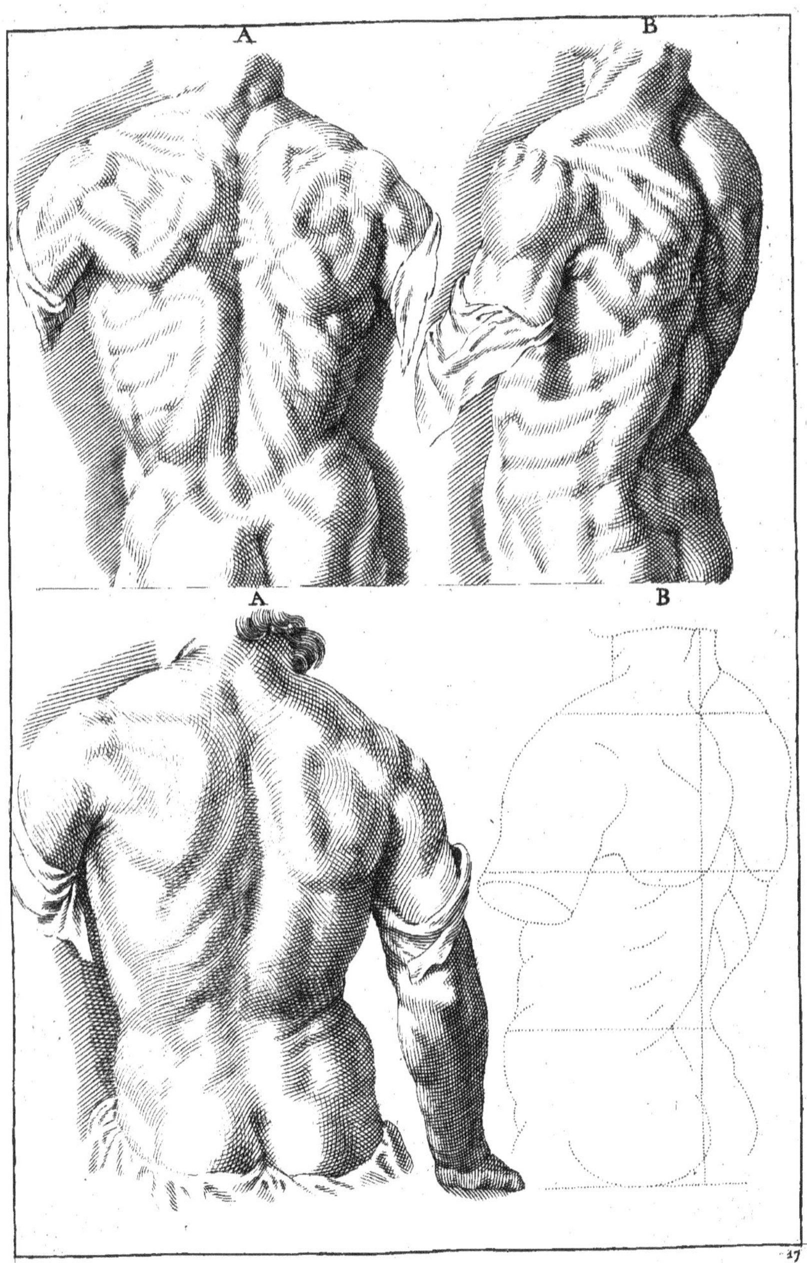

A
B
A
B
17

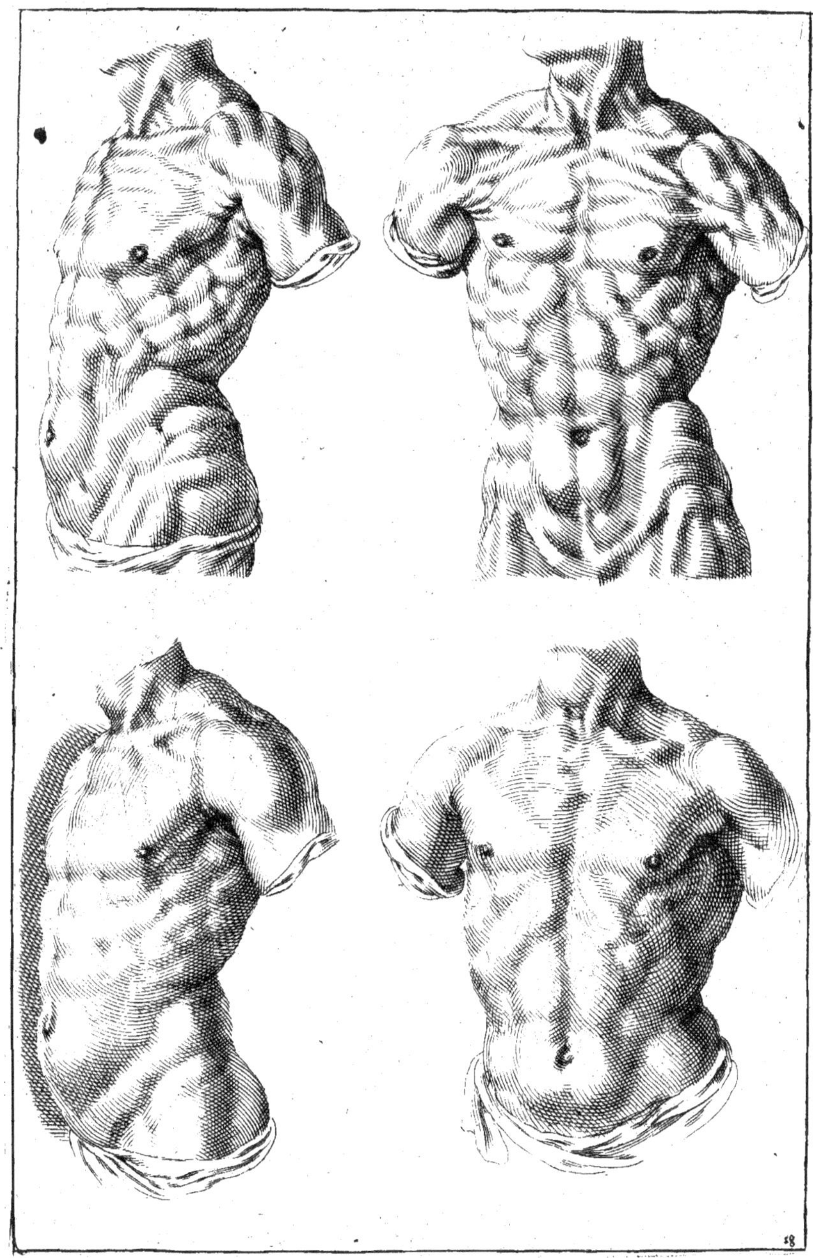

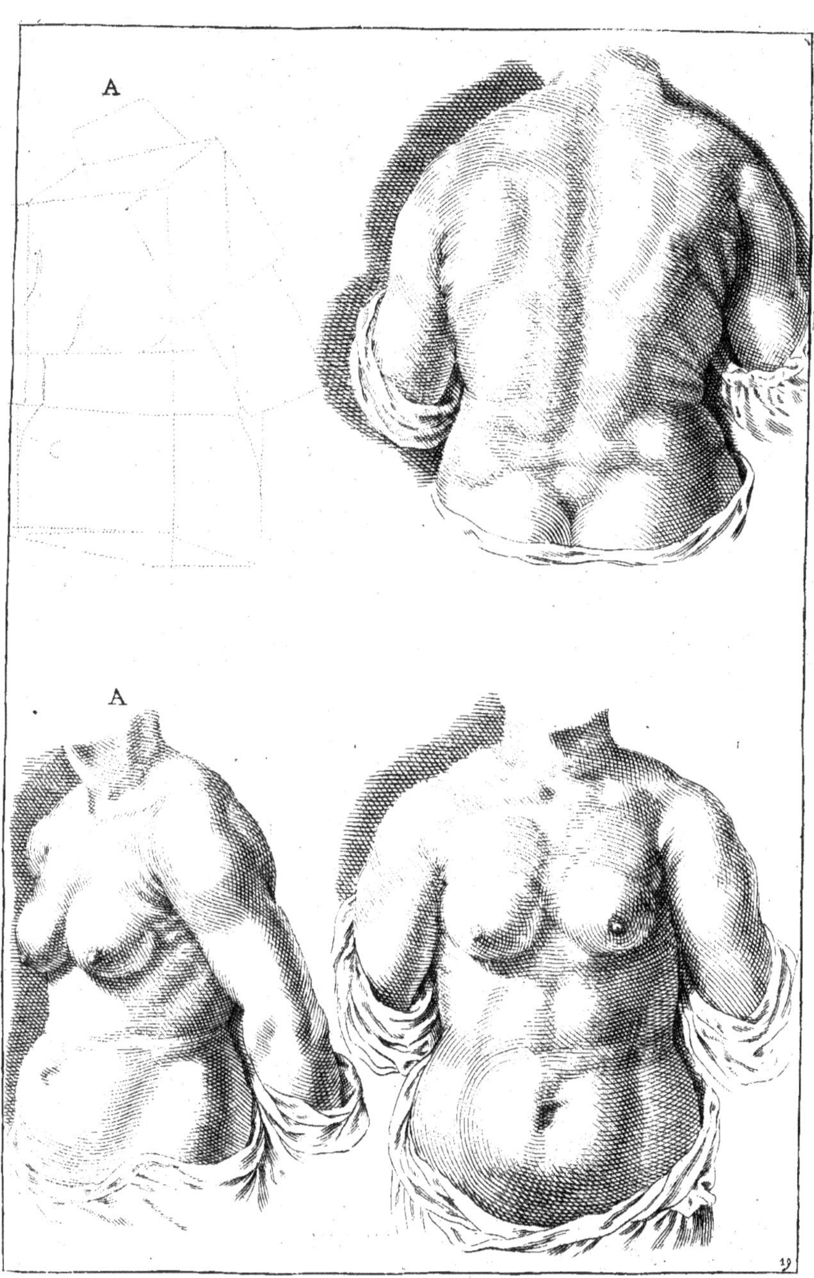
A
A
19

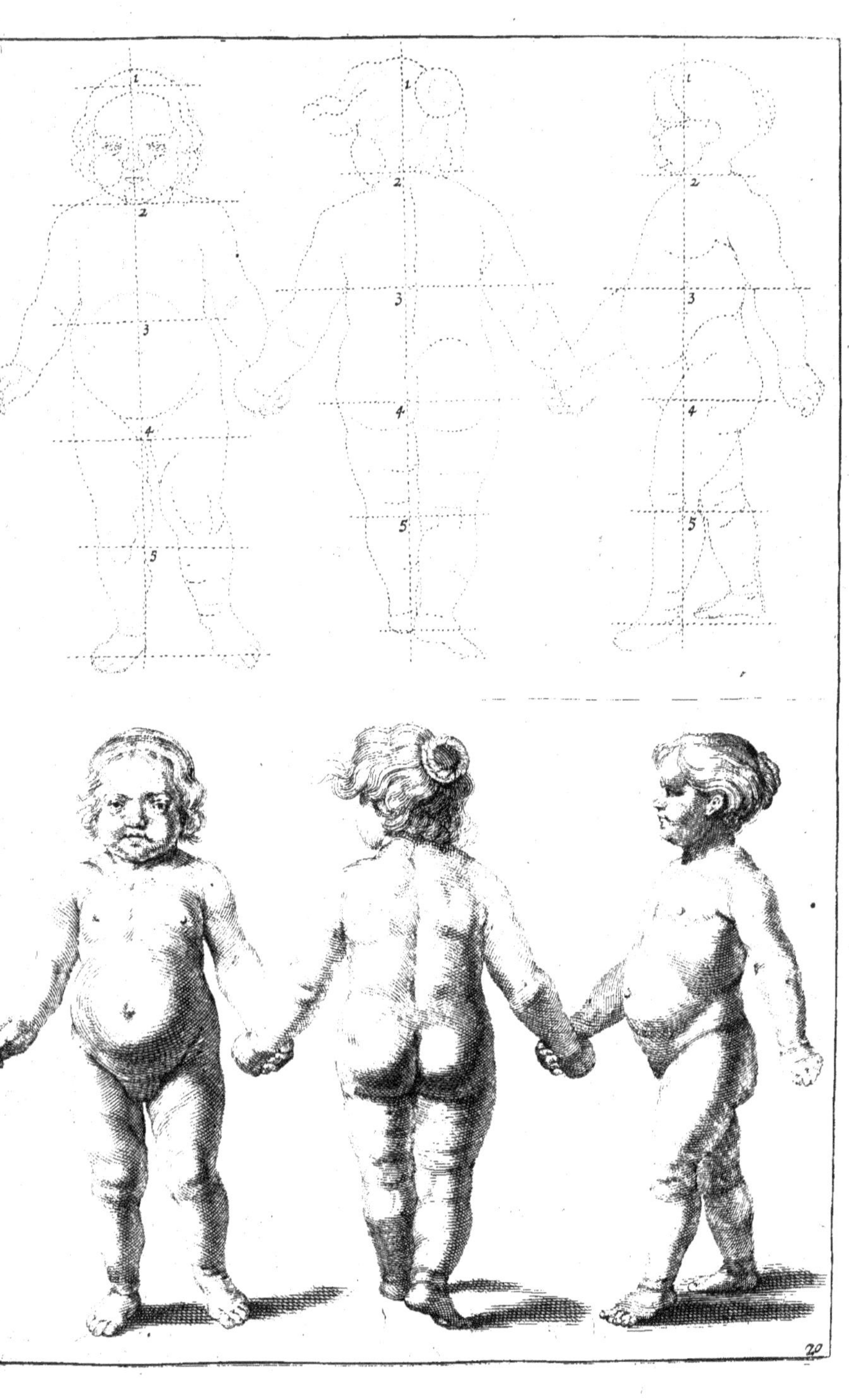

20

22

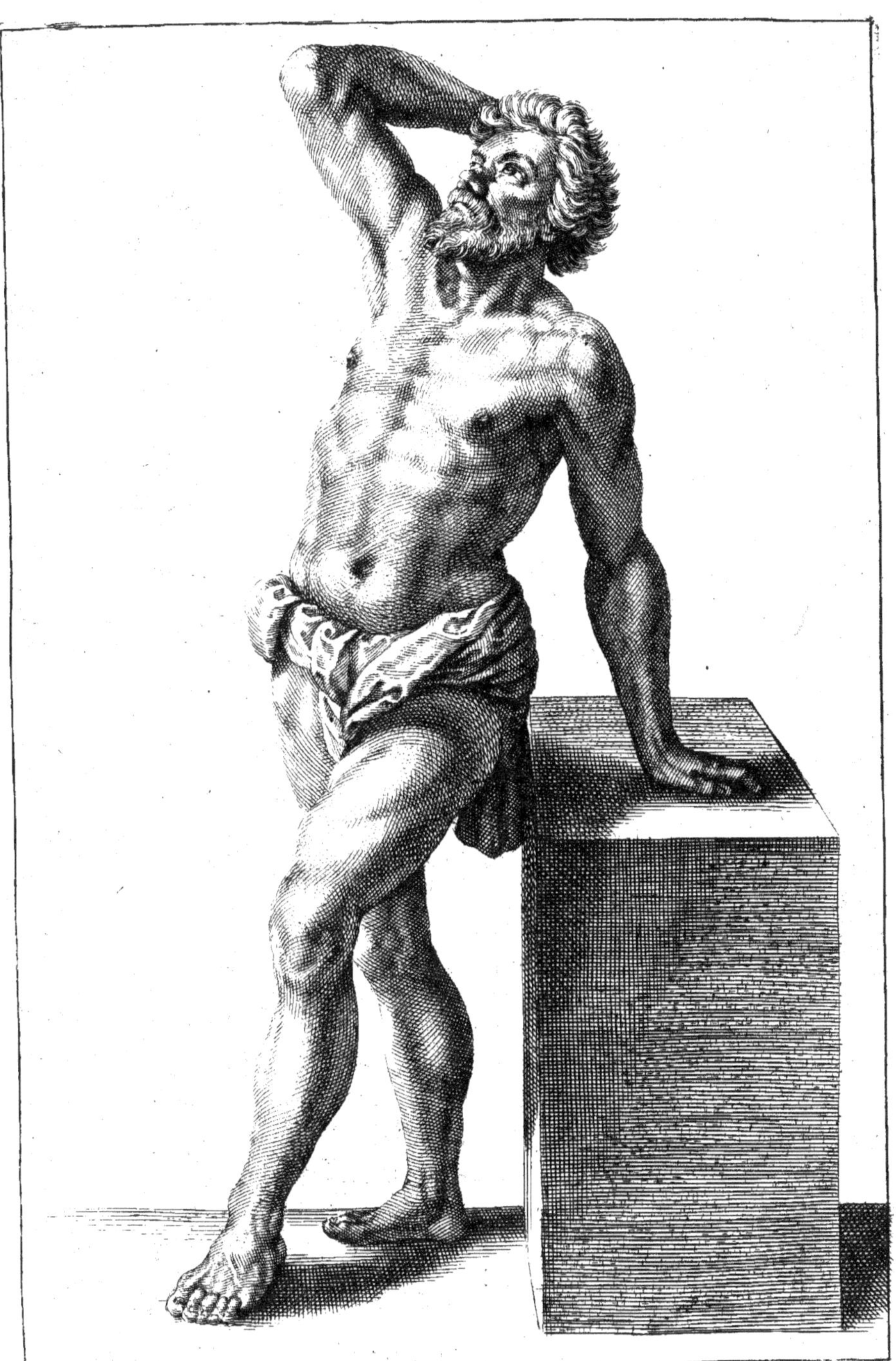

25

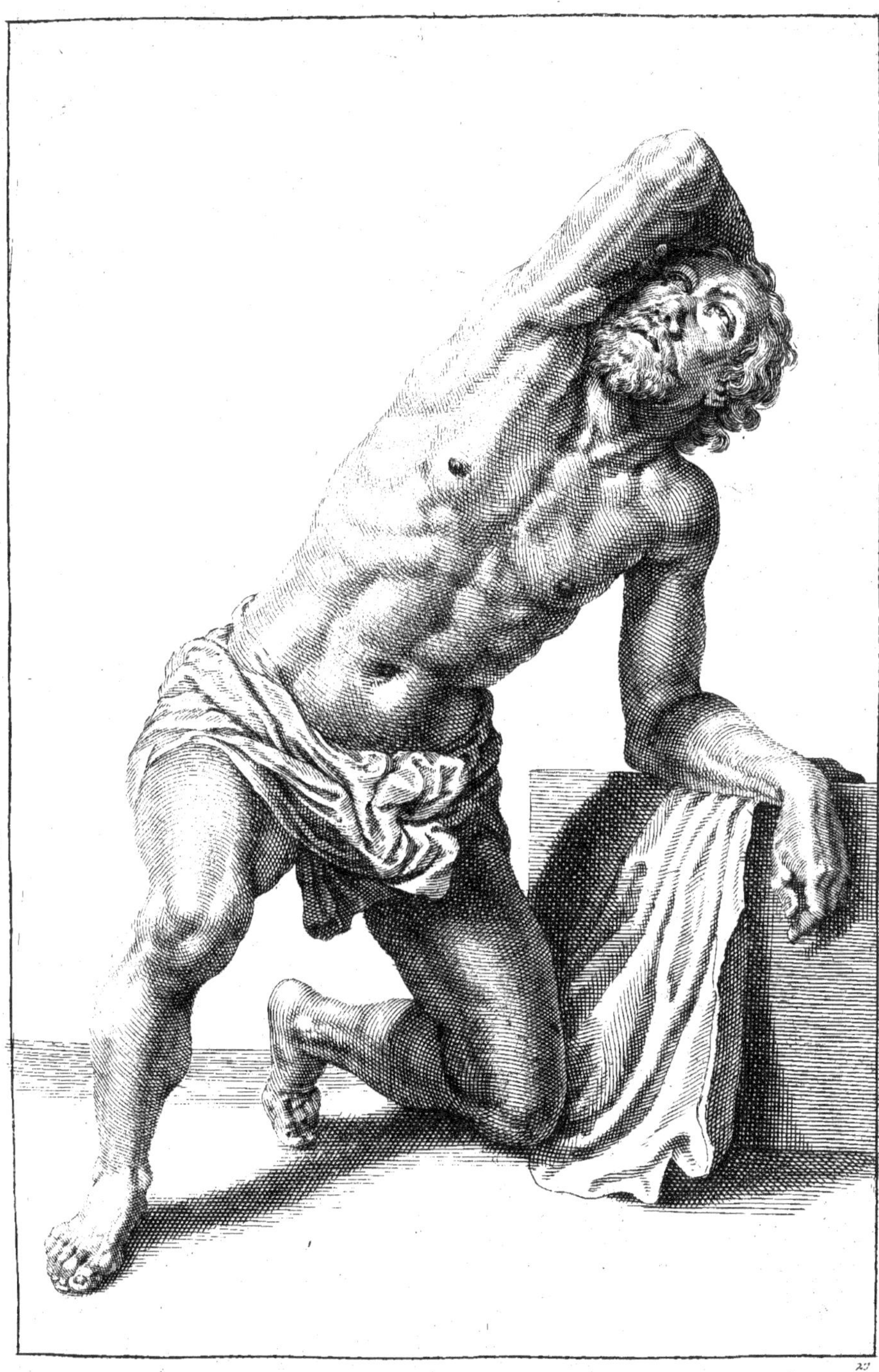

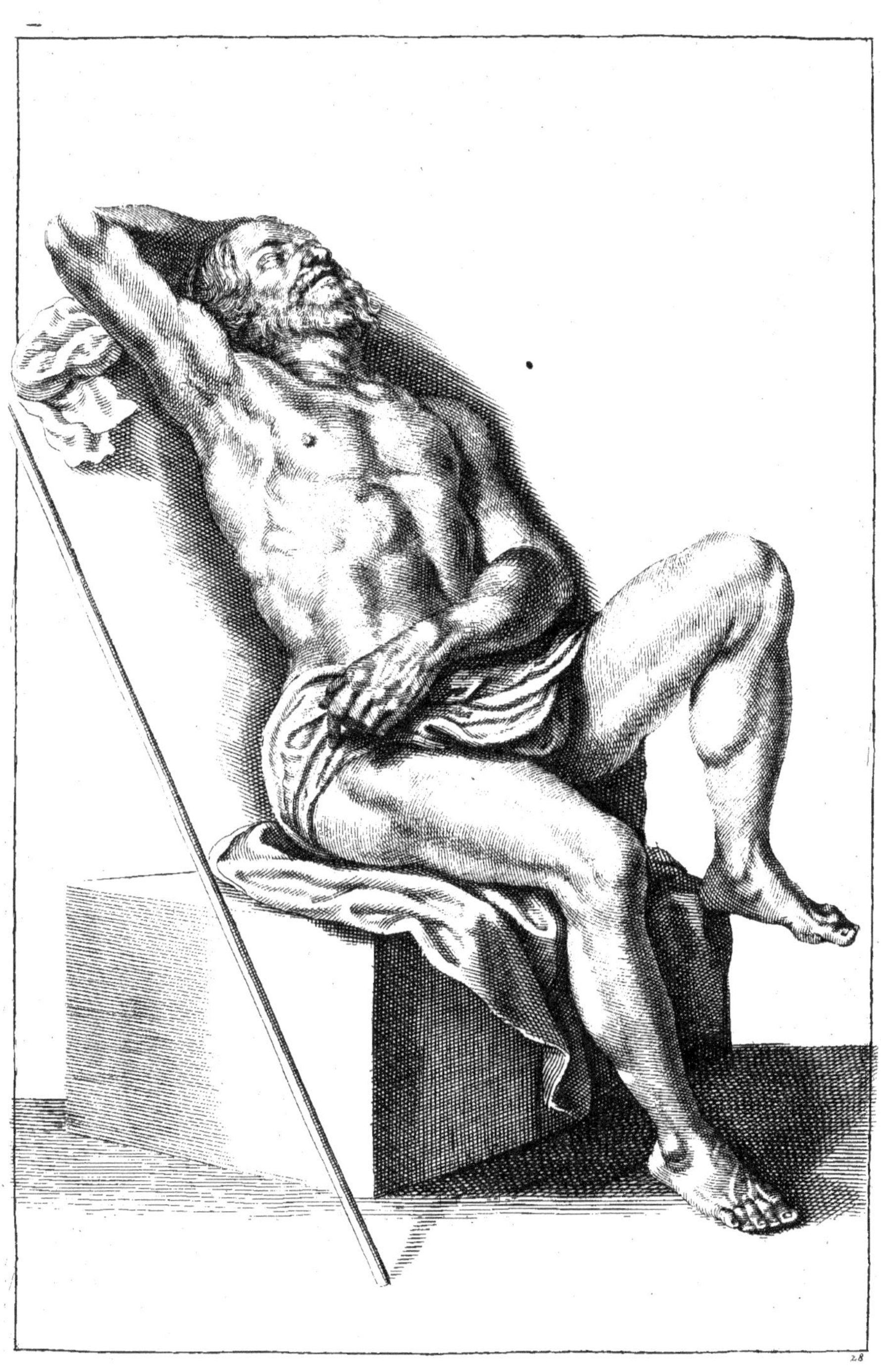

28

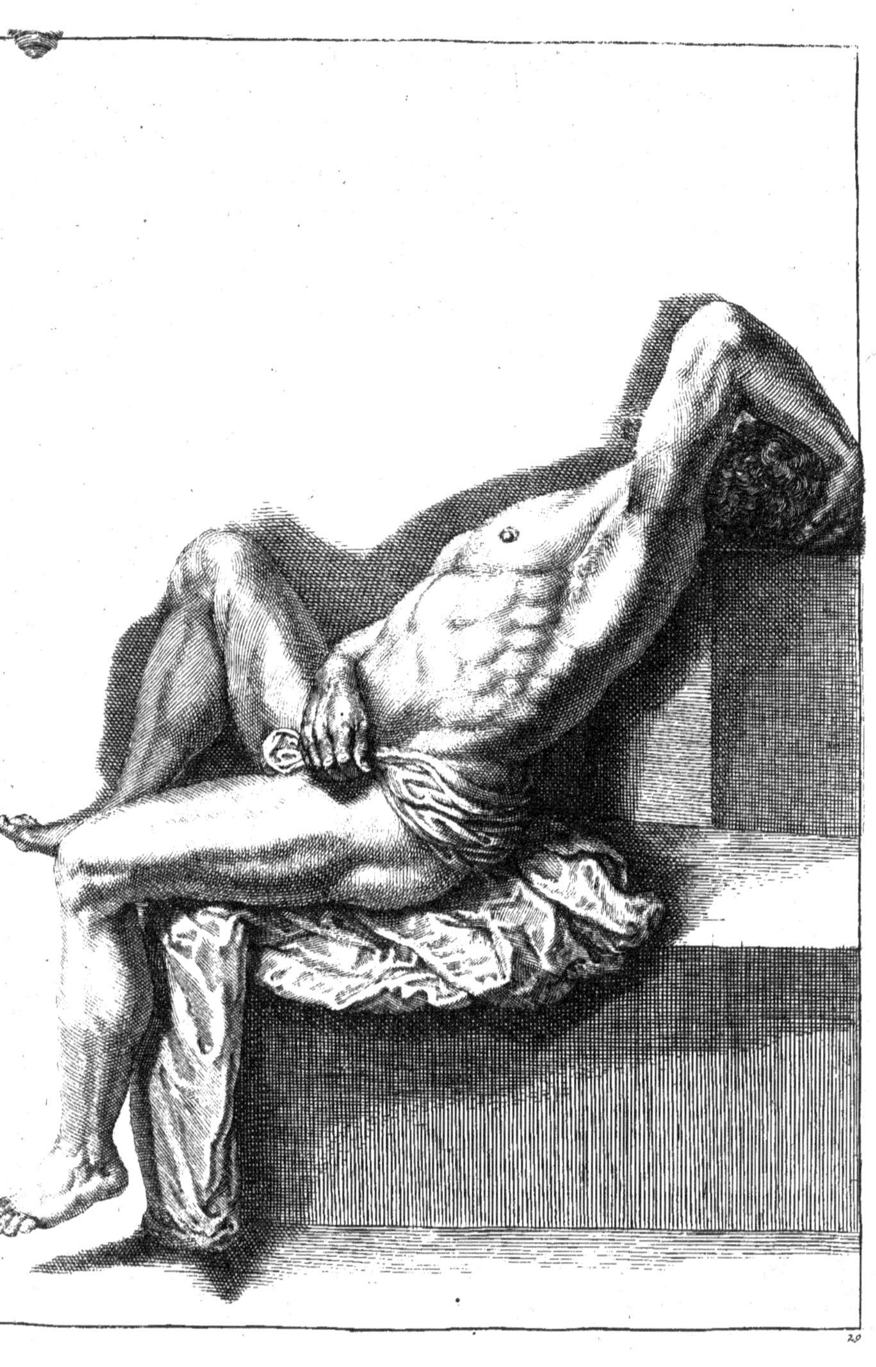

20

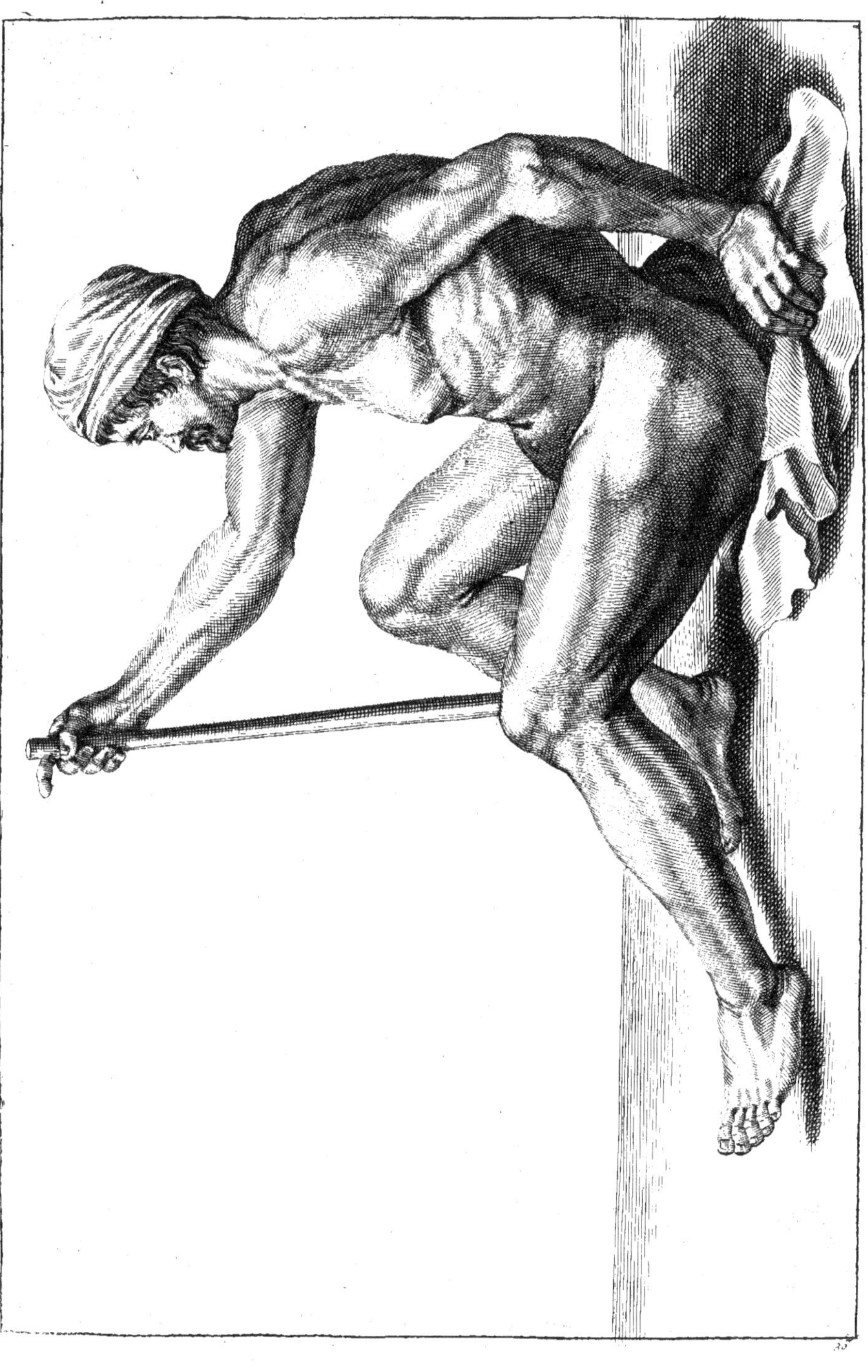

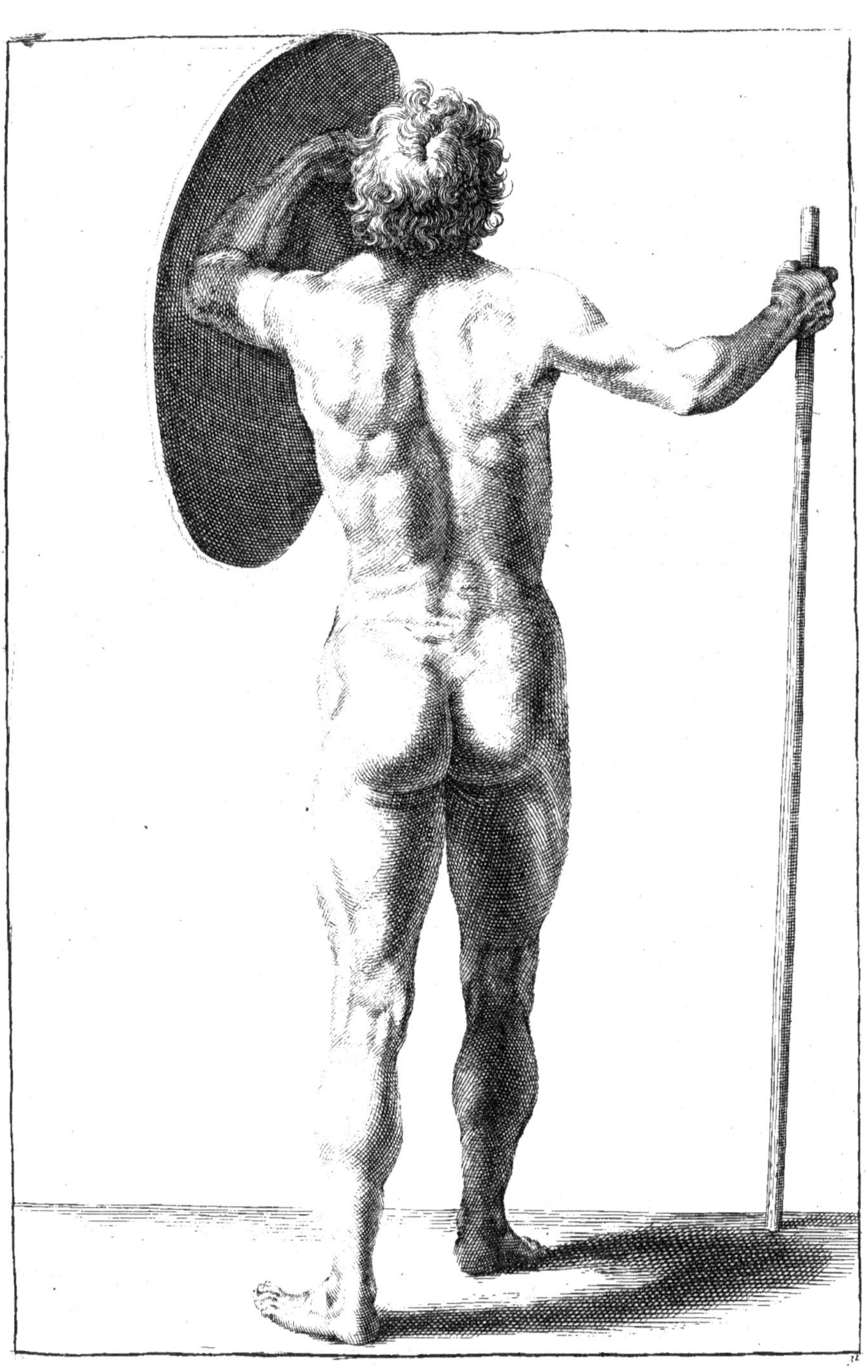

32

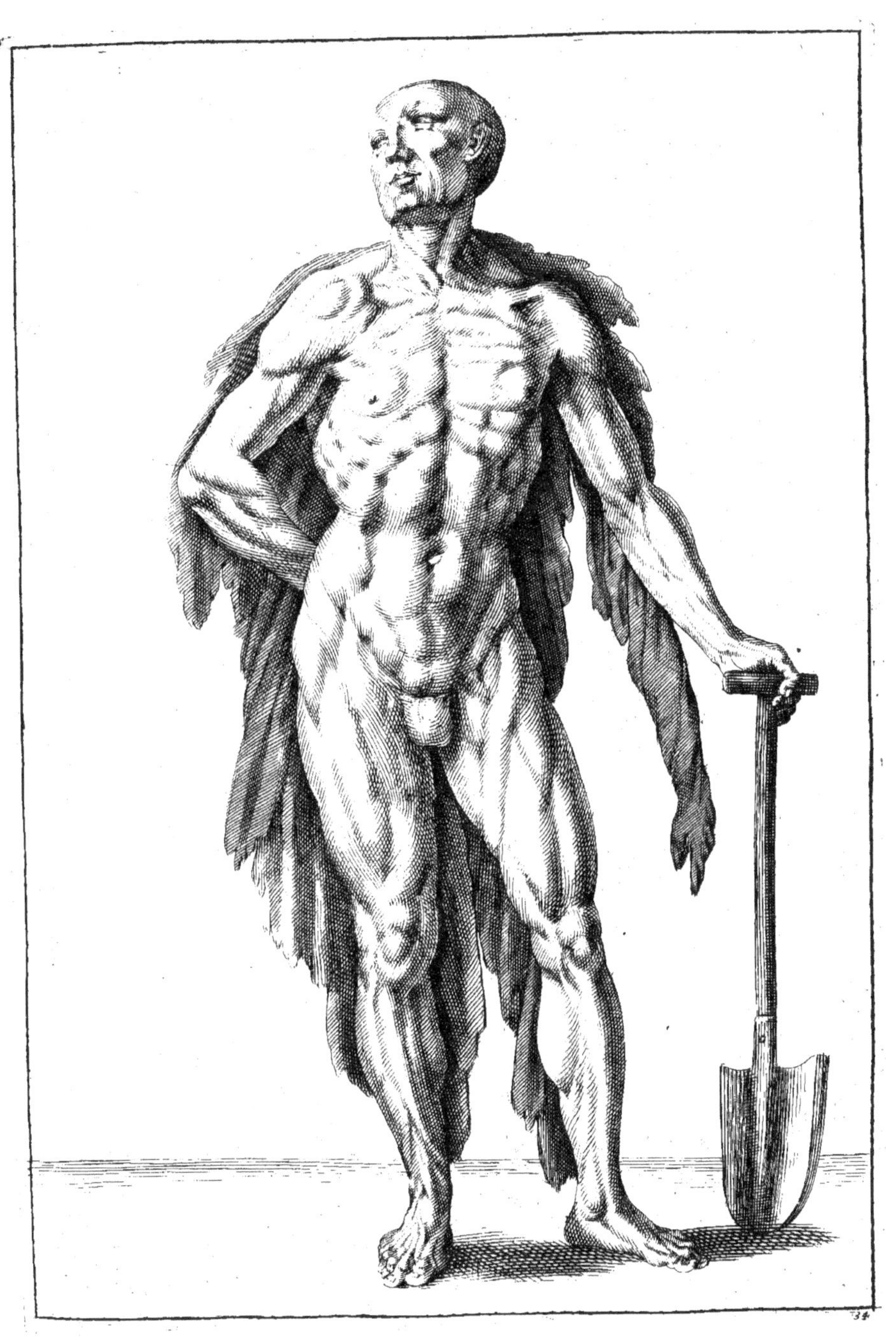

34

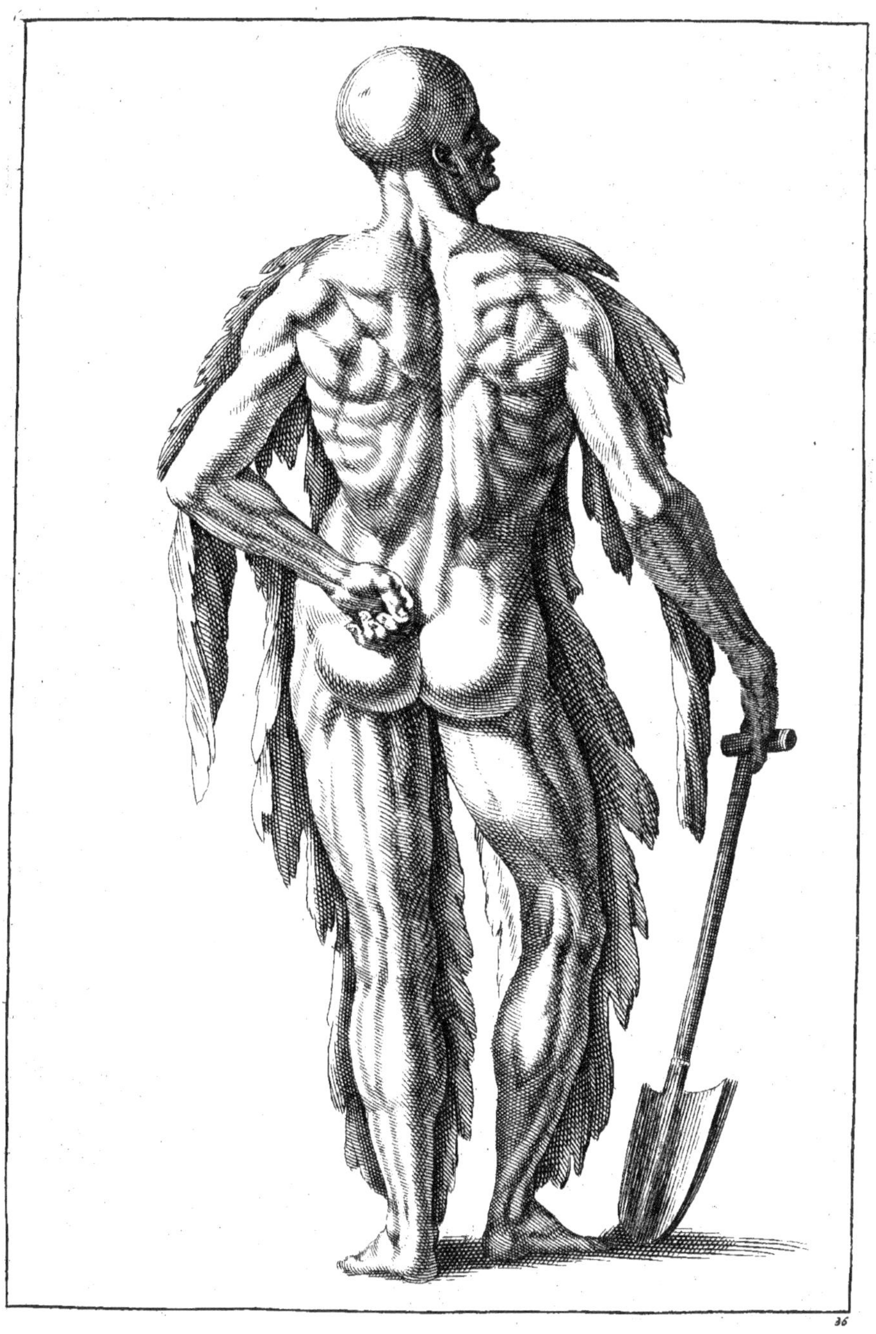

36

38

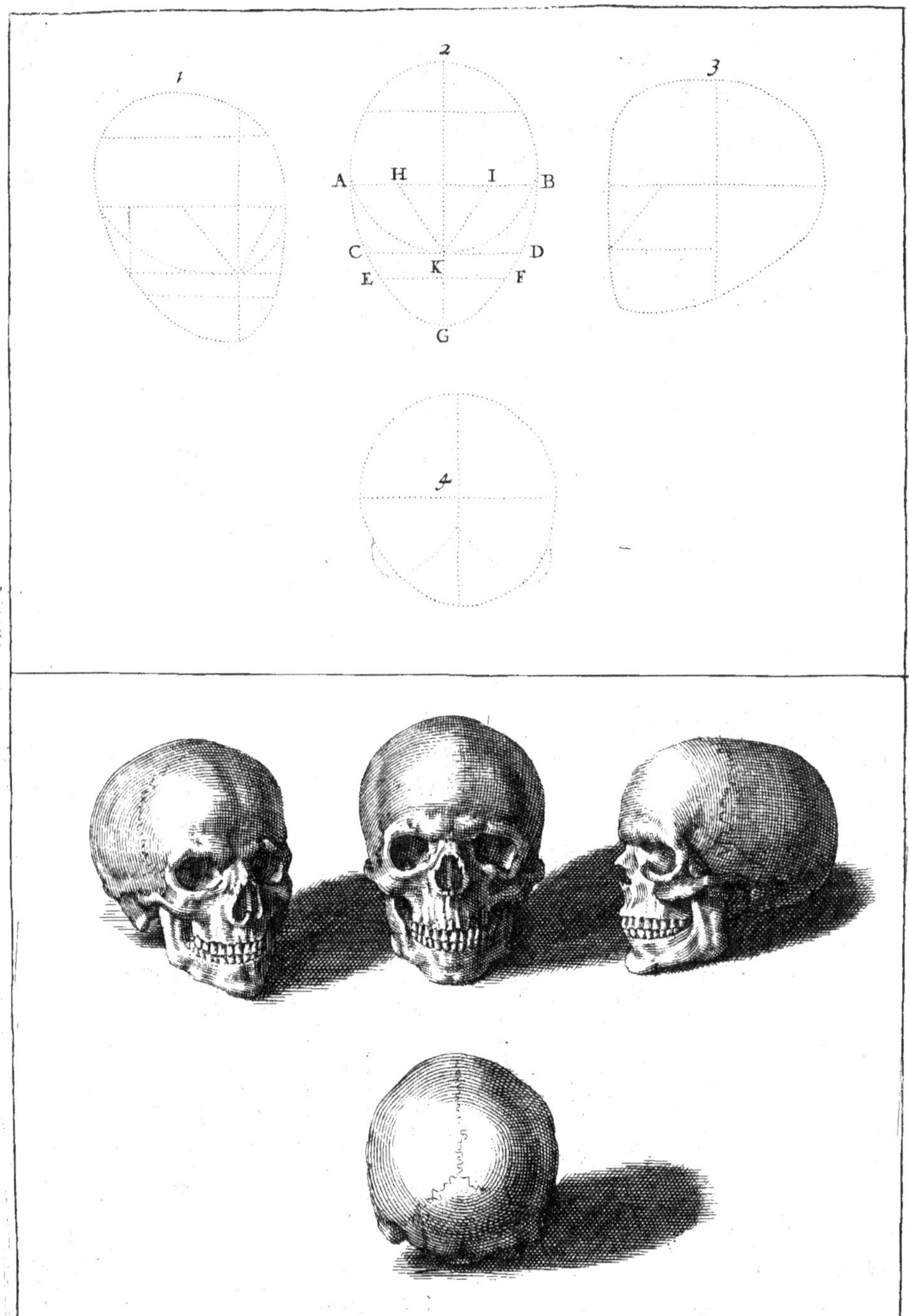
1
2
3
4
A H I B
C K D
E F
G
39

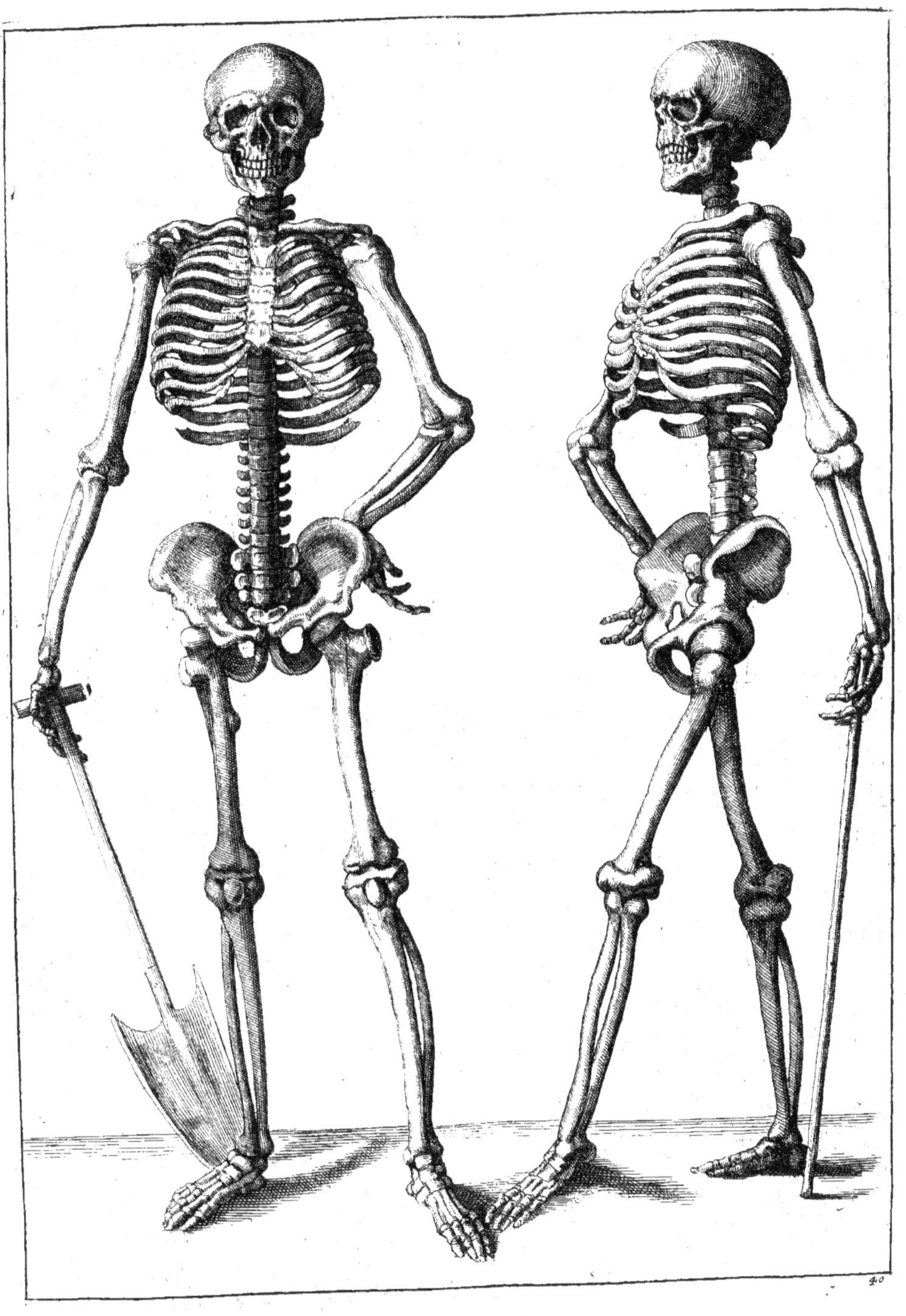
40

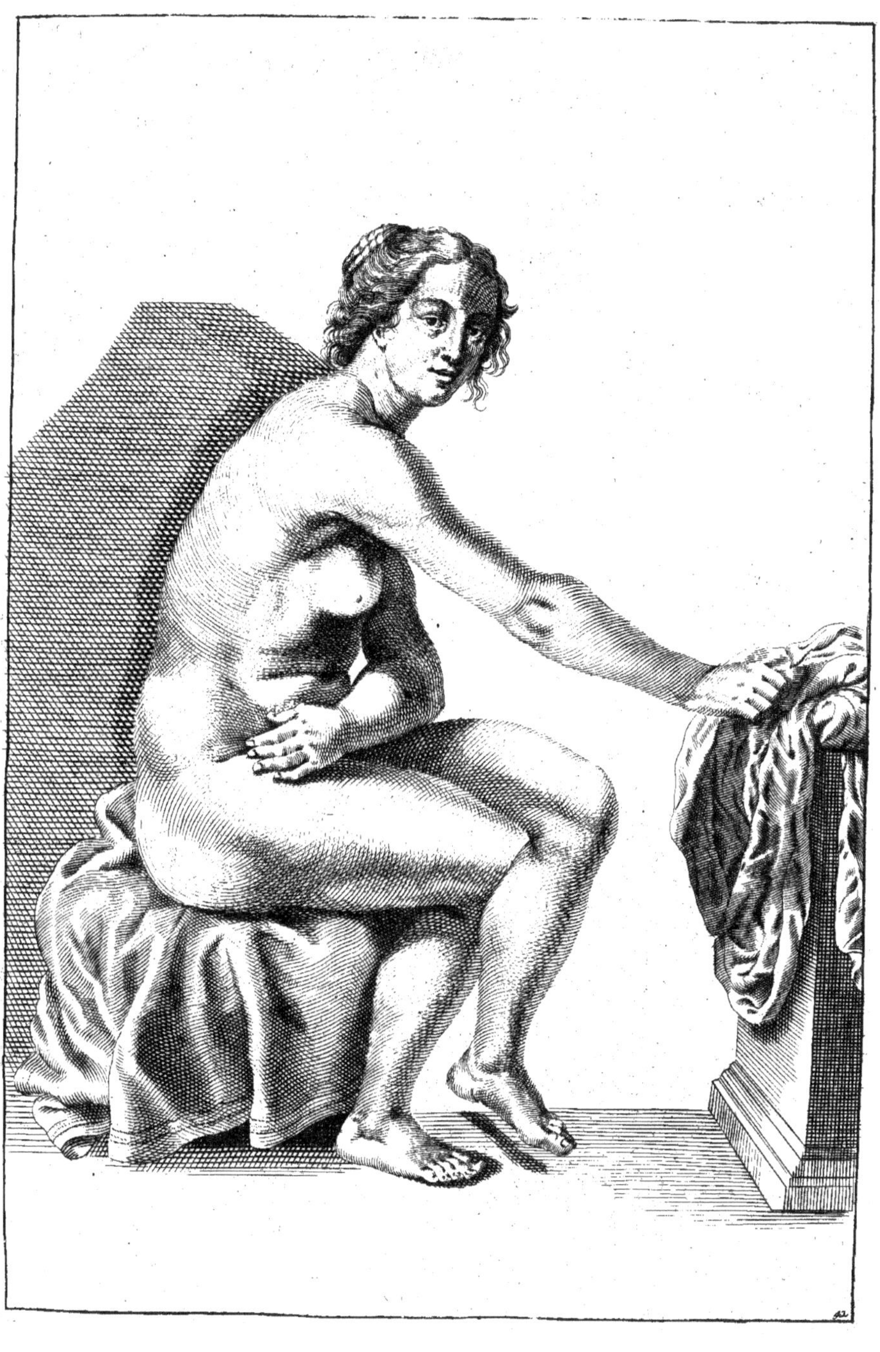

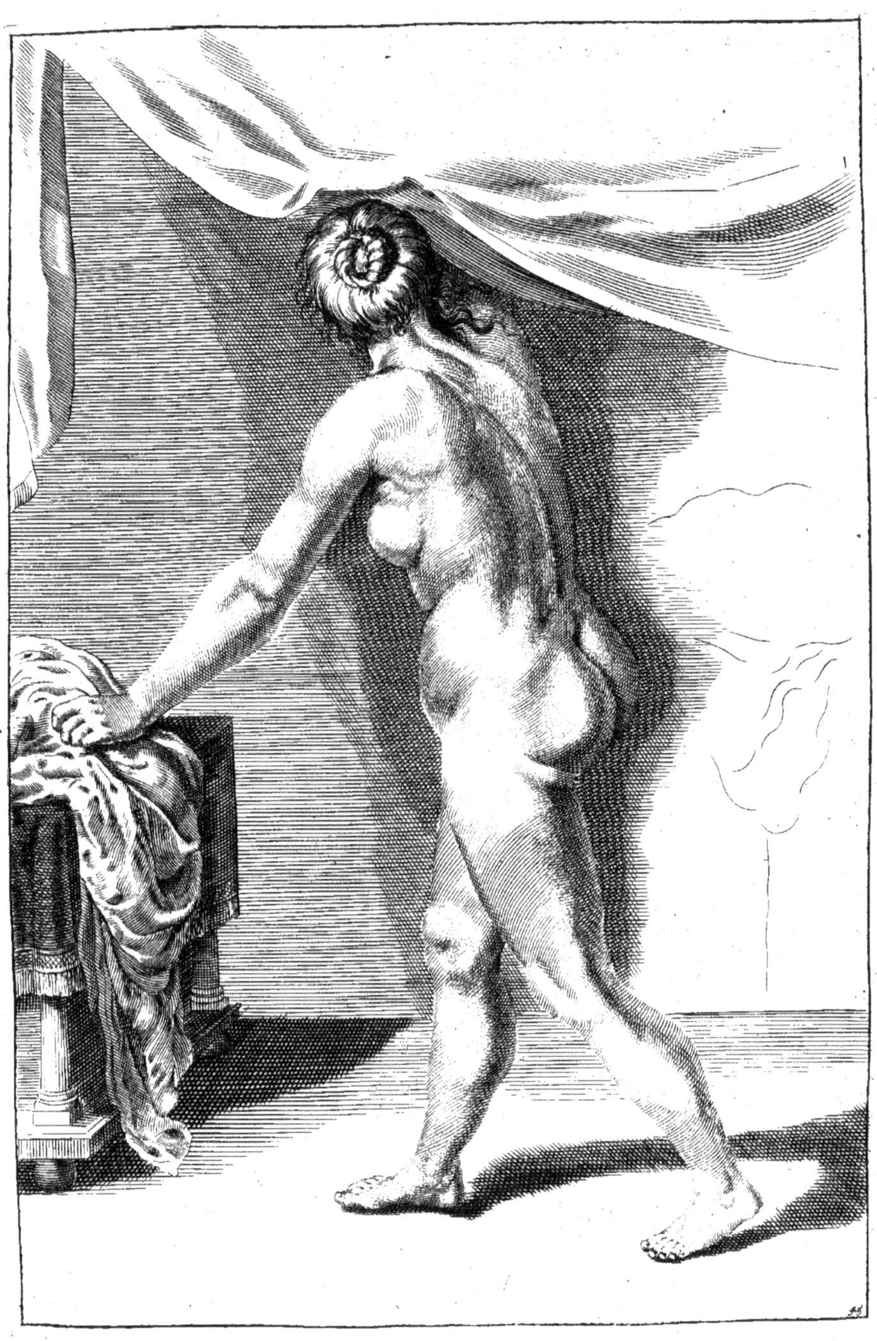

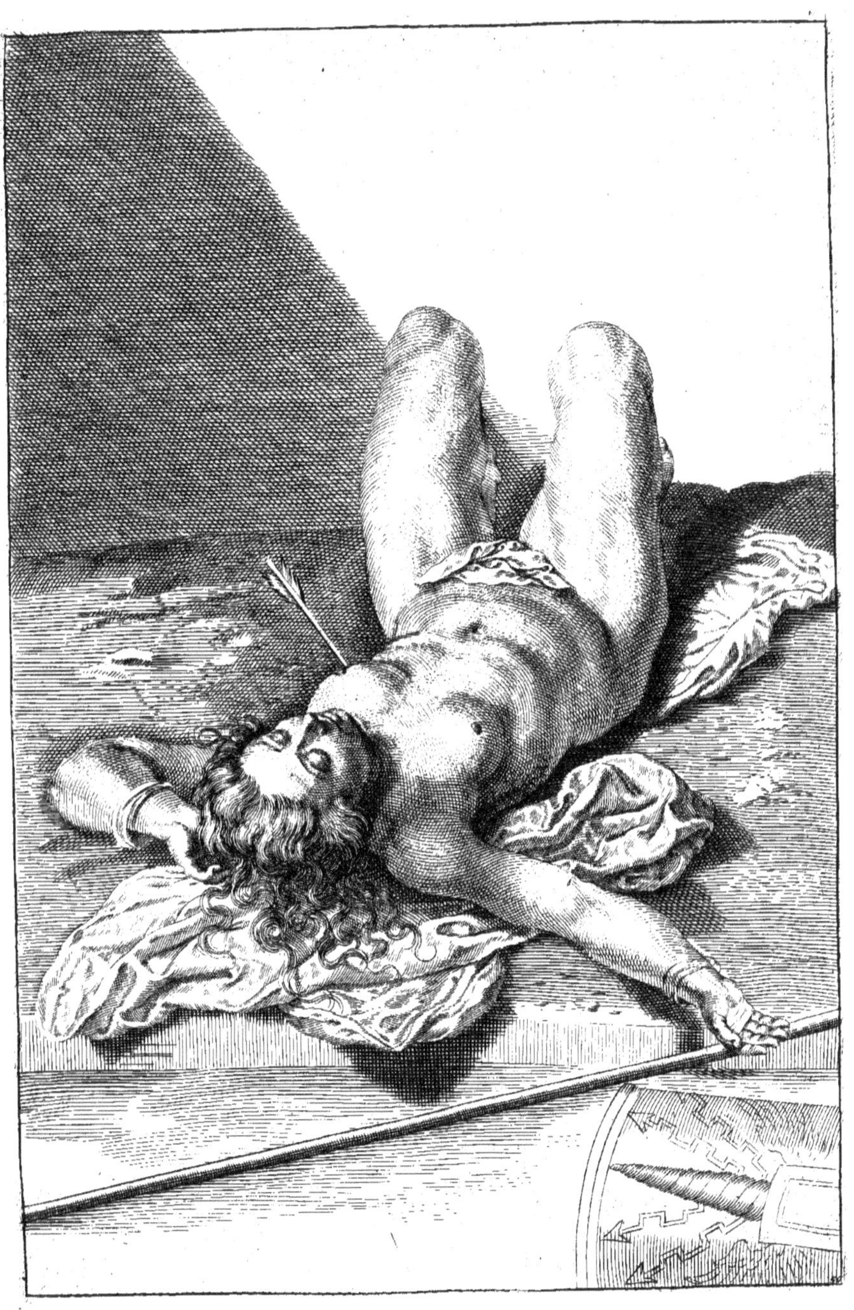

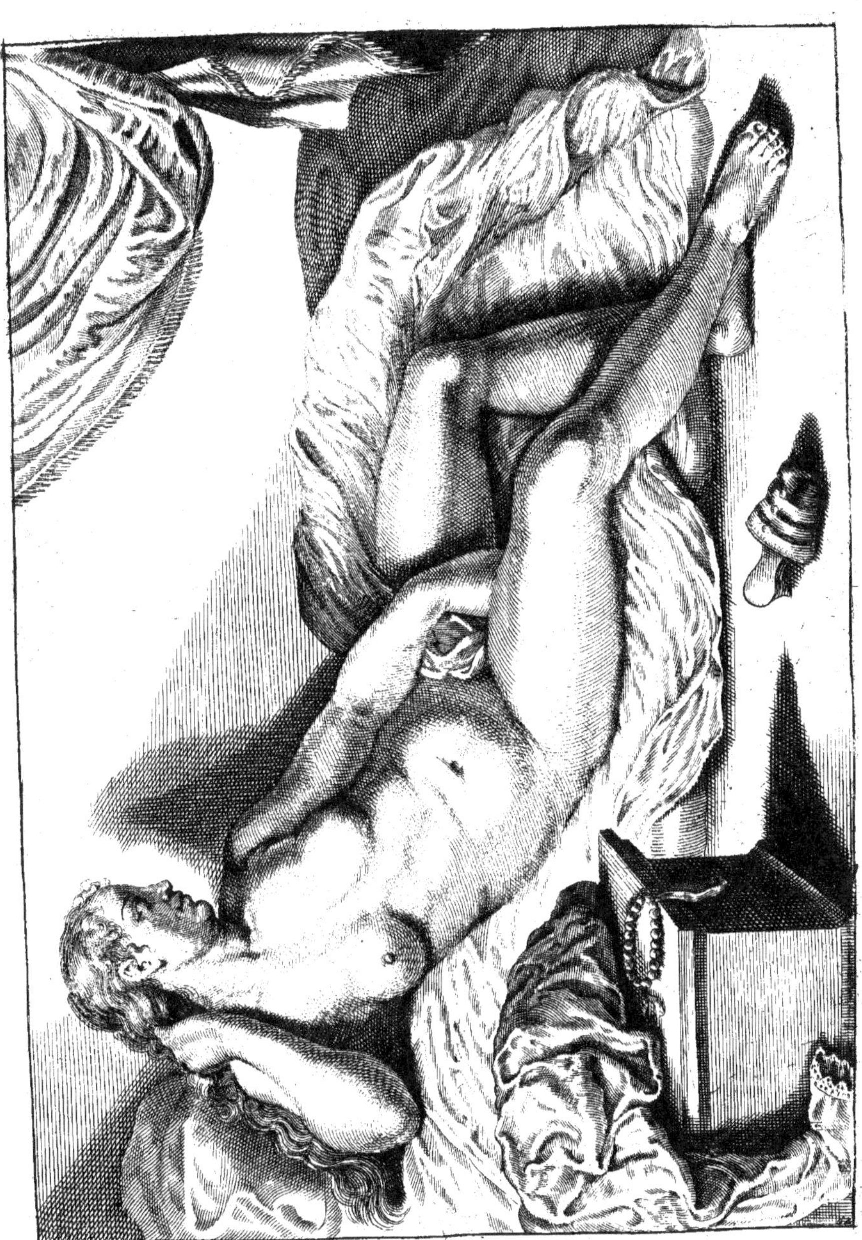

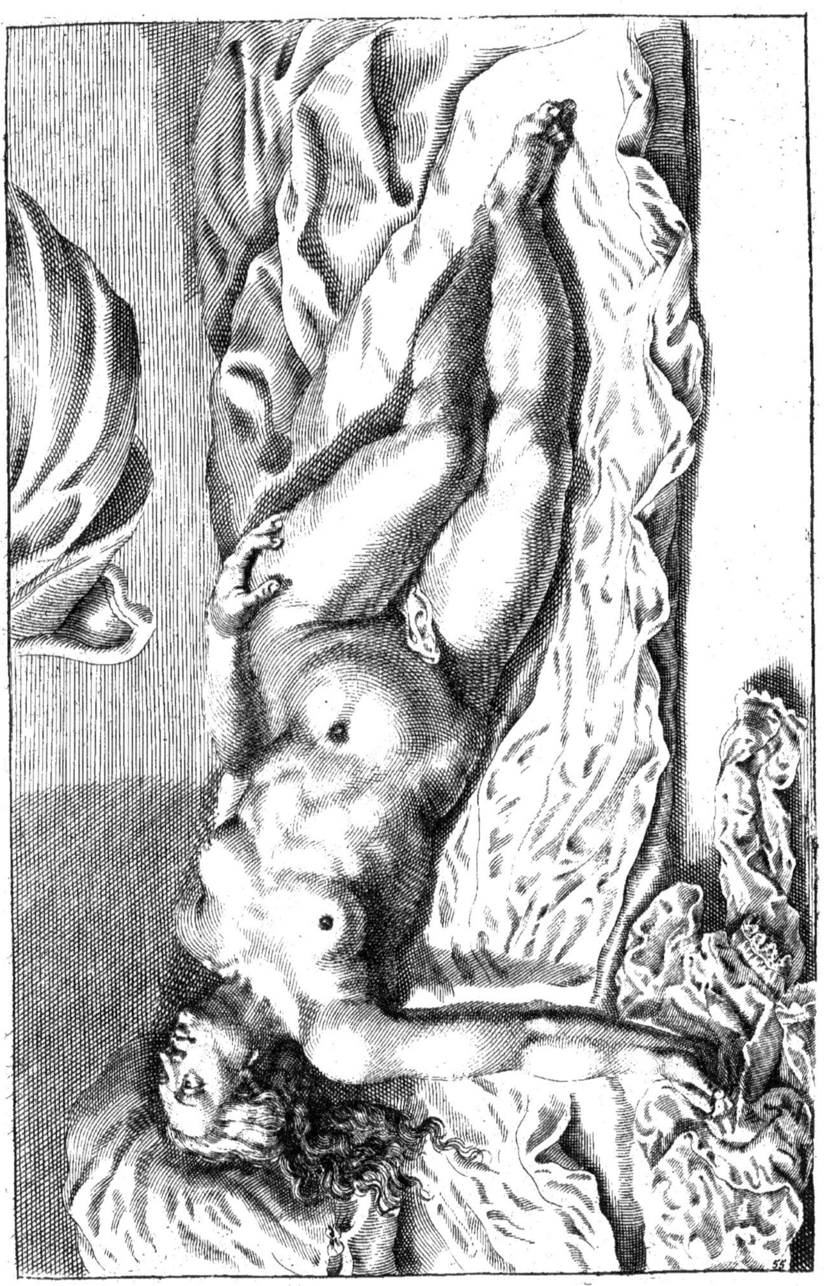

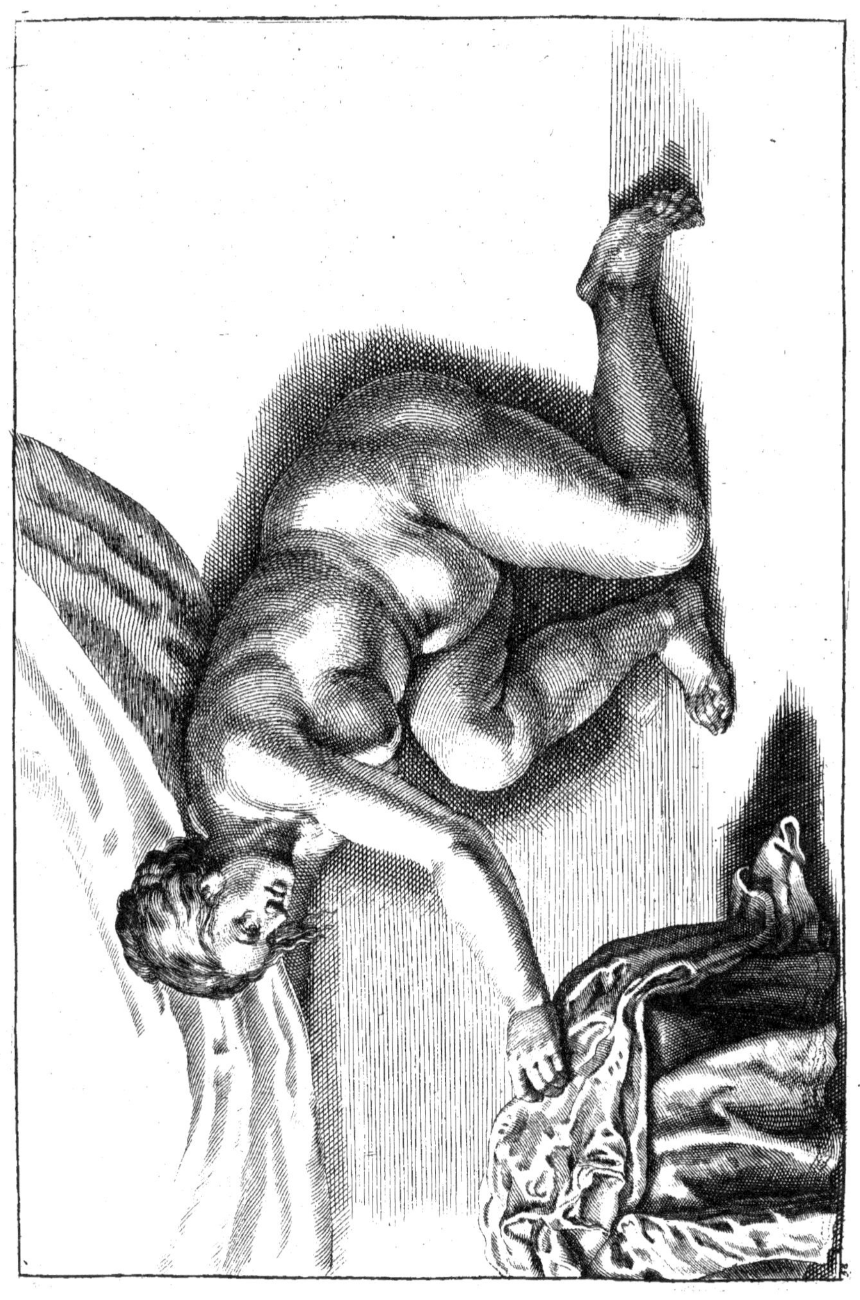

59

61

Ioanni Sadelerio Serenis.mi Ducis Bauarię
Chalcographo, amico vnice dilecto, Nouem
hasce Musas HGoltzius amicitię ergo D.D

A° 1592.

HGoltzius Inuent. et Sculptor.

Prima characteres, vocumq́ elementa notauit,   Congruat Heroum describere carmine, prima
Quoq̈ Deûm laudes, et quo prelustria facta   Callicpe edocuit Clarį celeberrima cętus. 62
                                                                F. Estius.

Quid Soccos humiles deceat lasciua Thalia   Et patrum rixas, imposturasq Dromonis
Tradit, et risus, et post conuiuia amores,   Et quoscunq iocos tenuis Comœdia ludit.
F.E. 63

Melpomene ostendit numeros queis cœna Thyestę,
Prognes olla quibus, quibus Oetheię dolores
Et lachrymę Electrę, et męstę lamēta Eryphiles,
Describi Tragico poſſent inſtructa cothurno.
F. E 64

Gesta ducum, Regumq́ canit Parnassia Cleo,   Heroum nè tempus edax, nè conterat ętas
Historicis mandatéq́ modis, et fortia facta   Inuidiosa cauet, longumq́ extentit in Æuum.
                                                                                          I. I. 65

Terpsichoren, cythara, et peramœnis ca[...]neruis (Et blandis modulis, et plectro exultat eburno,
Testudo decorat; gaudet saltuúq iocisq. Affectusq mouet, tenerosq irritat amores.

F.E.66

Euterpen calami, et genialis Tibia honeſtat,   Illa Aganippeos colles, ſaltuſq́; peragrat,
Et quo cantari conſuerunt Pythia verſu;   Concentu dulcis, doctoq́; Mathemate clara.

F. E.   69.

Nomen amoris habens cultrix Permeſſidos vndę,   Hęc radio certo totum diſcriminat orbem,
Lęta Erato, et grato permulcens Phocida cantu,   Euriɋ, Zephyriɋ plagas, Boreęɋ, Nothiɋ.

F. E 68

Rethoricæ fontes, luculentaꝗ verba miniſtrat   Hymnoſꝗ et Pæana·canens Polyhymnia lætum,
Ore manuꝗ docens geſtus formare decoros,   Aonias inter minimè poſtrema ſorores.

F.E 69

Vranie cęli motus, et sydera monstrat, Quid portendat Hyas, et quid nimbosus Orion,
Quid Iouis, et placidę promittat Cypridos astrum Feraliẹ coma signum ferale Cometes.

F. H. 20

Aue gratia plena Dominus tecum:
Beneaicta tu in Mulieribus. lu. 2
Criß Paß er
H B Bloemart
Inuentor
Guil B Paß fecit
Cum Priuil du Roy
treschretien
31.

Magnificat aïa mea Dominũ et exultauit
Spirit' meus in Deo salutarj me
Quia respexit Humilitate ancille sue ecce ẽni
ex hoc beatã me dicẽt oẽs generationes &c. Luc.j.
A. Bloemaert Inuentor
Crispe. Pass. fecit et ex
Cum. priuil. du Roÿ tresobrestion
52.

Visa iuventuti Venus (ah, deflenda voluptas!)   Os mea cùm Christus vertit in ora suum.
Plùs nimio placui Magdalis atra mihi.   Spectatum Veneres veniant; spectentur & ipsa;
Ipsa ego me velut in speculo teterrima vidi,   Pompa supercilijs protinus orba cadet.

MAGDALENA.

C. Plempius.

Ter, gallo cantante, Deum Christumque negavi,
Et solo (fateor) nomine Petrus eram.
Ignovit fasso Dominus, iussitque suorum

Sectantûm primo me simul ire loco.
Praeterea claves, & ius mihi Carmina donant
Claudere cœlestes & reserare fores.

S. PETRVS.

P.S. extempore 94

Diù monitus surdâ Samuelis temserat aure   Vitæ etiam cœpit tunc satur esse suæ.
Saulus, & in suo sanguine lætus erat.   Quid faciat? famulo mortis sibi tela negante,
Sed tandem ut multâ cœpit pallescere culpâ,   Ipse manu propriâ triste peregit opus.

SAVLVS REX.   P.S. extempore. 75

IVDAS ISCARIOTH.

P.S. extempore. 16.

Peccavi, fateor Domine, exhaustoque popello   Zachæumque tuos inter habere velis.
(Heu!) mea congestas arca flagellat opes.   Quidquid nummorum corrasi incredulus olim,
Da veniam clemens, gravibus meqz ablue culpis,   Id nunc pauperibus largior omne tuis.

ZACHÆVS.

P.S. excudebat.

Quisquis habes docti divina volumina Pauli,
Est aliquid præter verba quod inde legas.
Impius admissis Christum dum vexat habenis,

Vis maior rapidum fulmine stravit equum.
Electúmq́ Dei vas, Martis prœlia damnat,
Atque oris gladio nunc pia bella gerit.

S. PAVLVS.

P.S. extempore. 78.

Æ. Bloemaert
Inuentor

Psallite Deo nostro Psallite: Psallite
Regi nostro Psallite. Quoniam Rex Omnis
Terre (Deus: Psallite sapienter. Psal 46.

Guilb. Bass fecit
Cum privil du
Roy treschretien
Crisp. Bass ex

Nunc dimitis Seruum tuum Domine secundum
Verbum tuum in Pace Luc 2
A. Bloemaert Inuentor. Criss Pass
fecit et ex

R. de Vorst incidit   R. Zavery delin: 33

S. C. Ma: pictor R: Saveri delin .
S. Angl: Regis sculp: R. de Vorst incidit

84.

R. Savery pinxit.
R. vander Vorst sculp. 88

R. Sauery delin.
Re: de Vorst sculp:

92

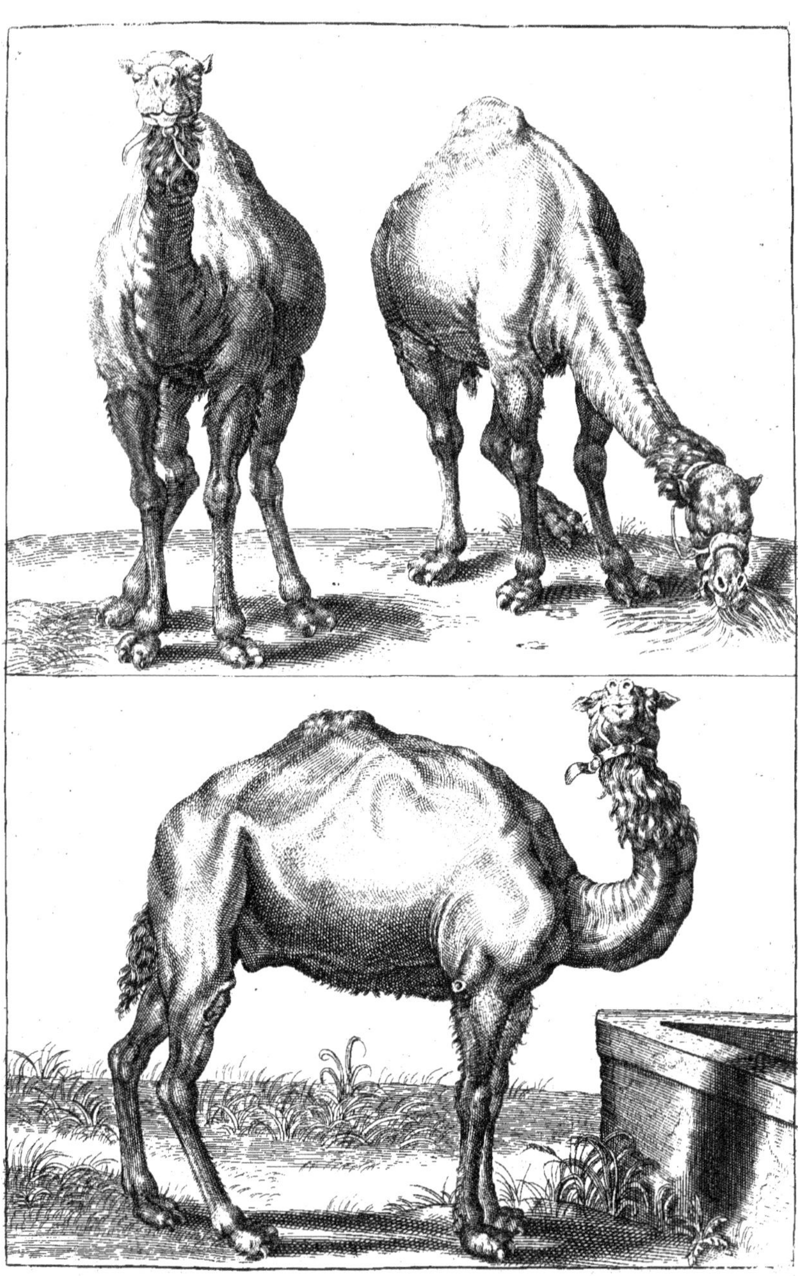

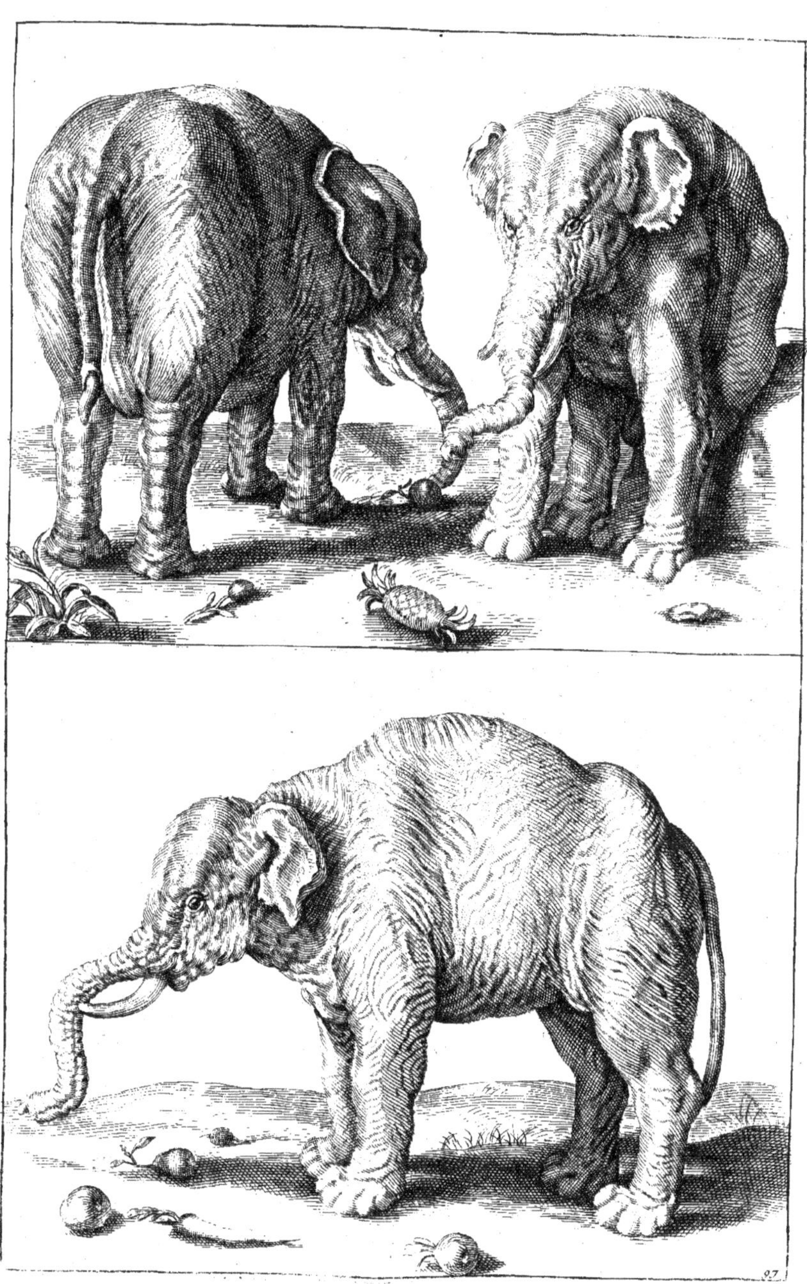

Robert de Vorst invent.

S.C. Maiest. pictor R. Saueri delin:

100.

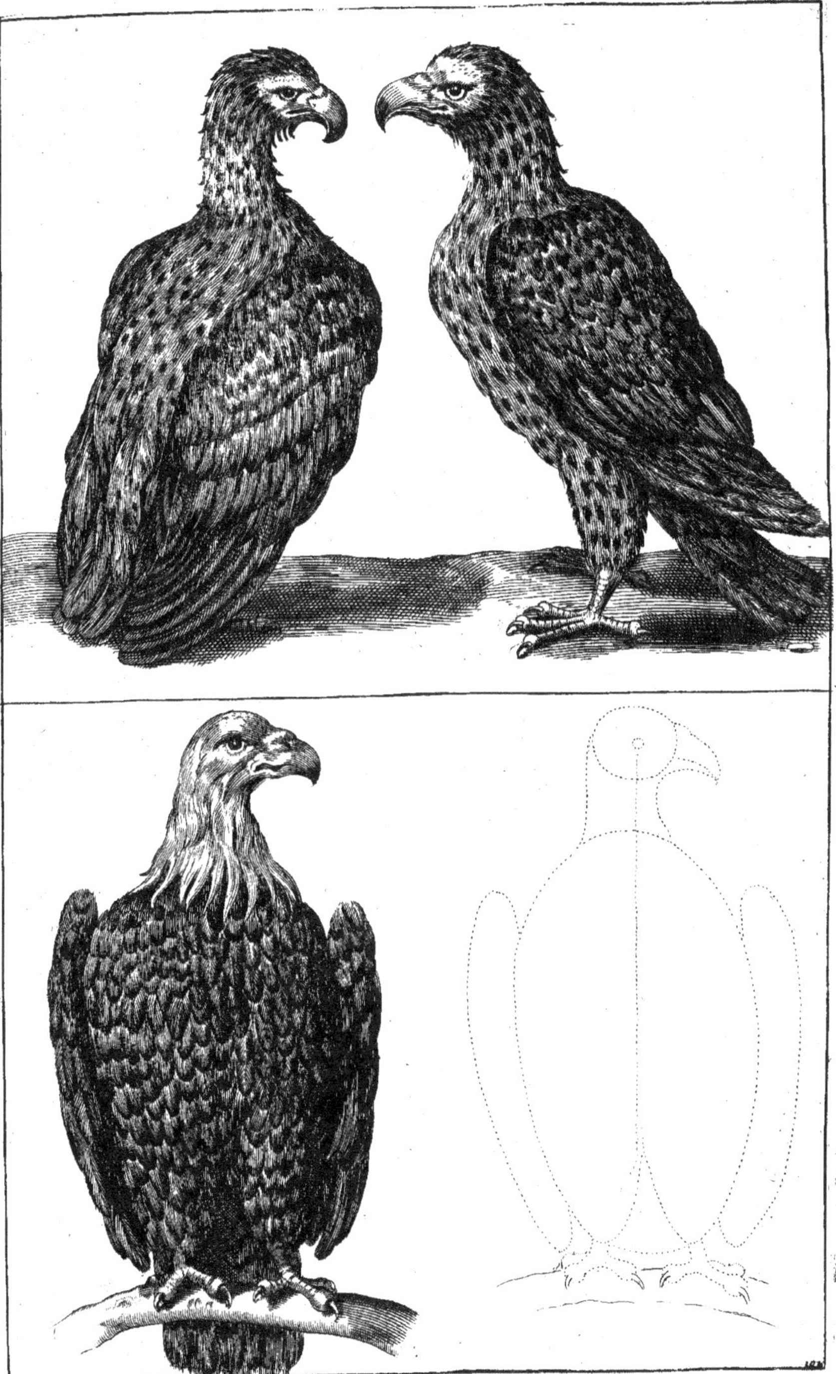

HK. delin.

199

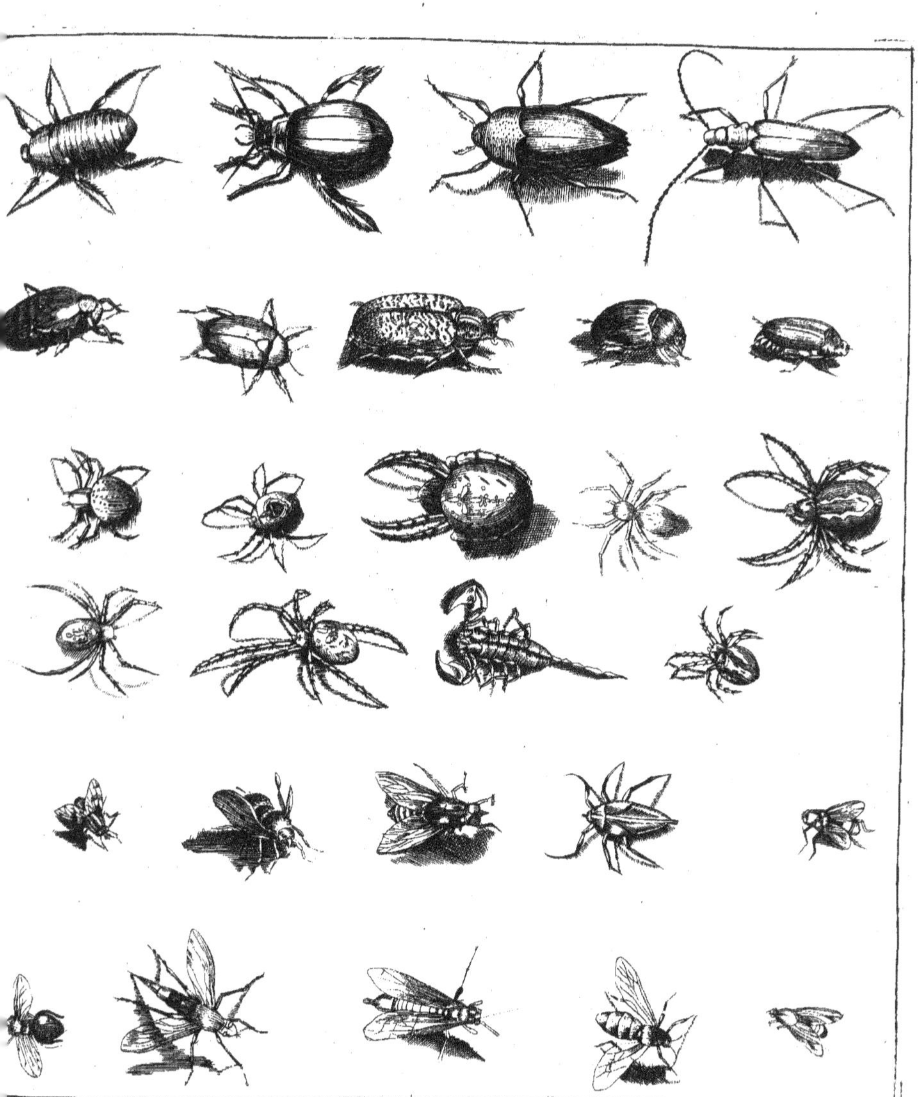

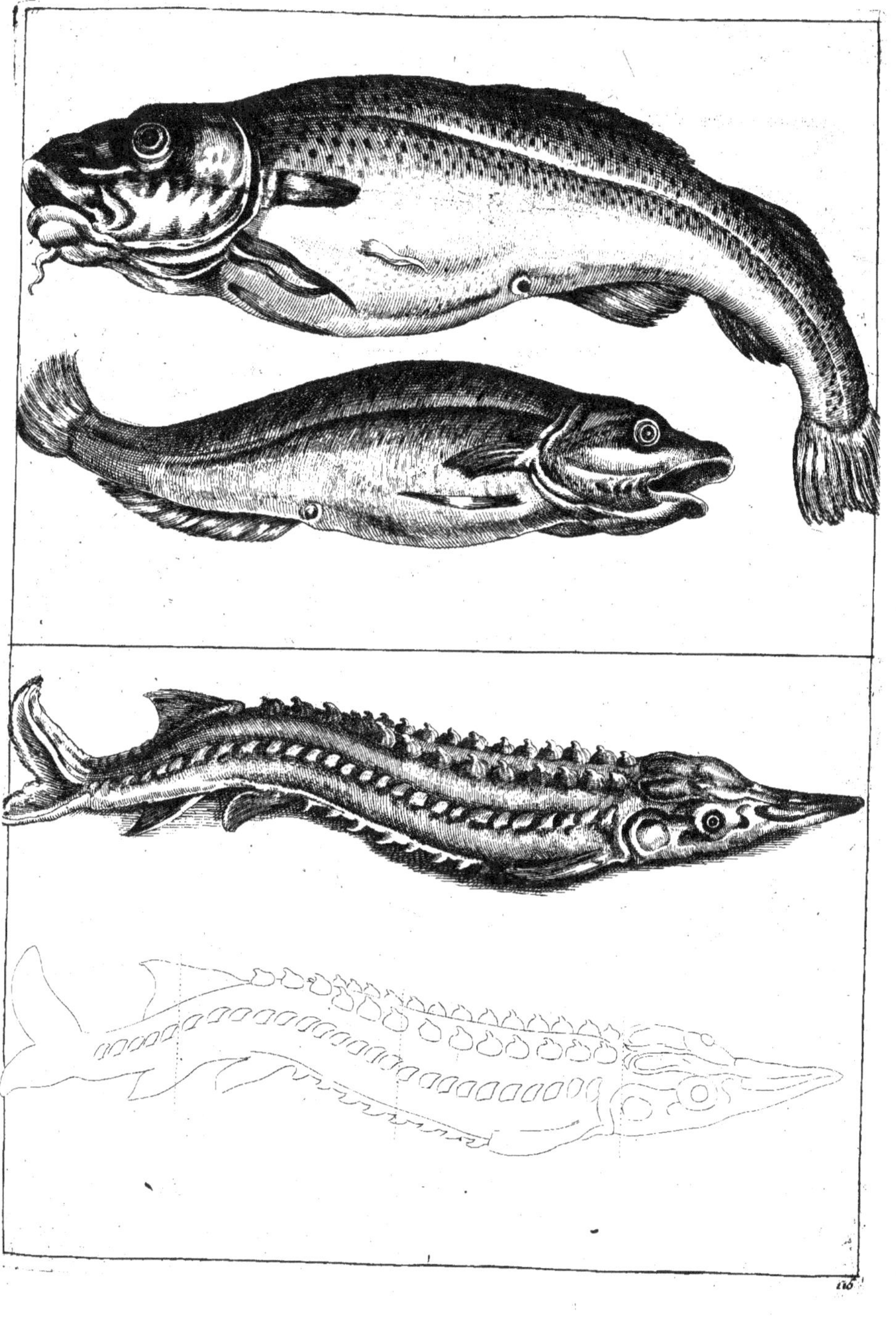

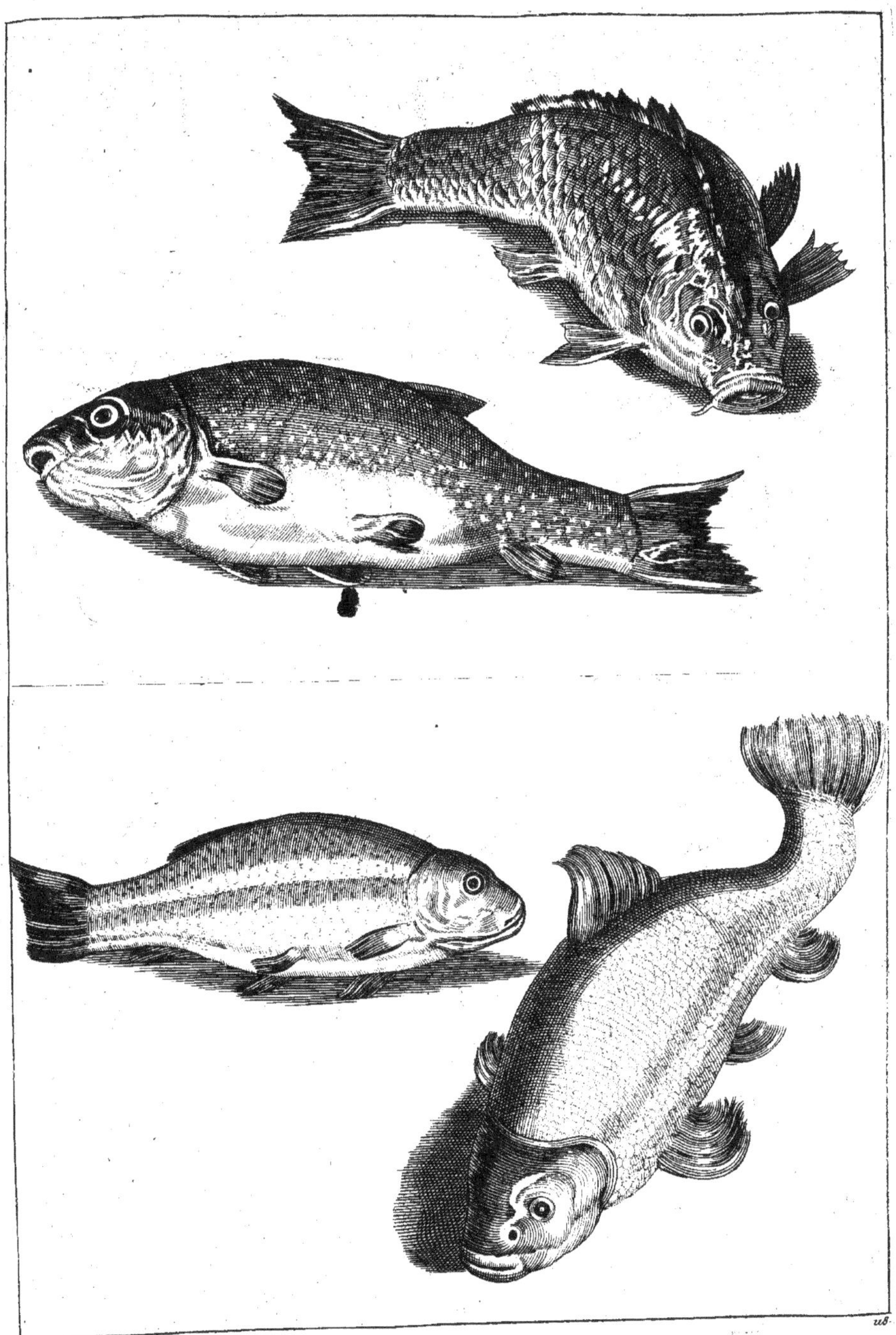

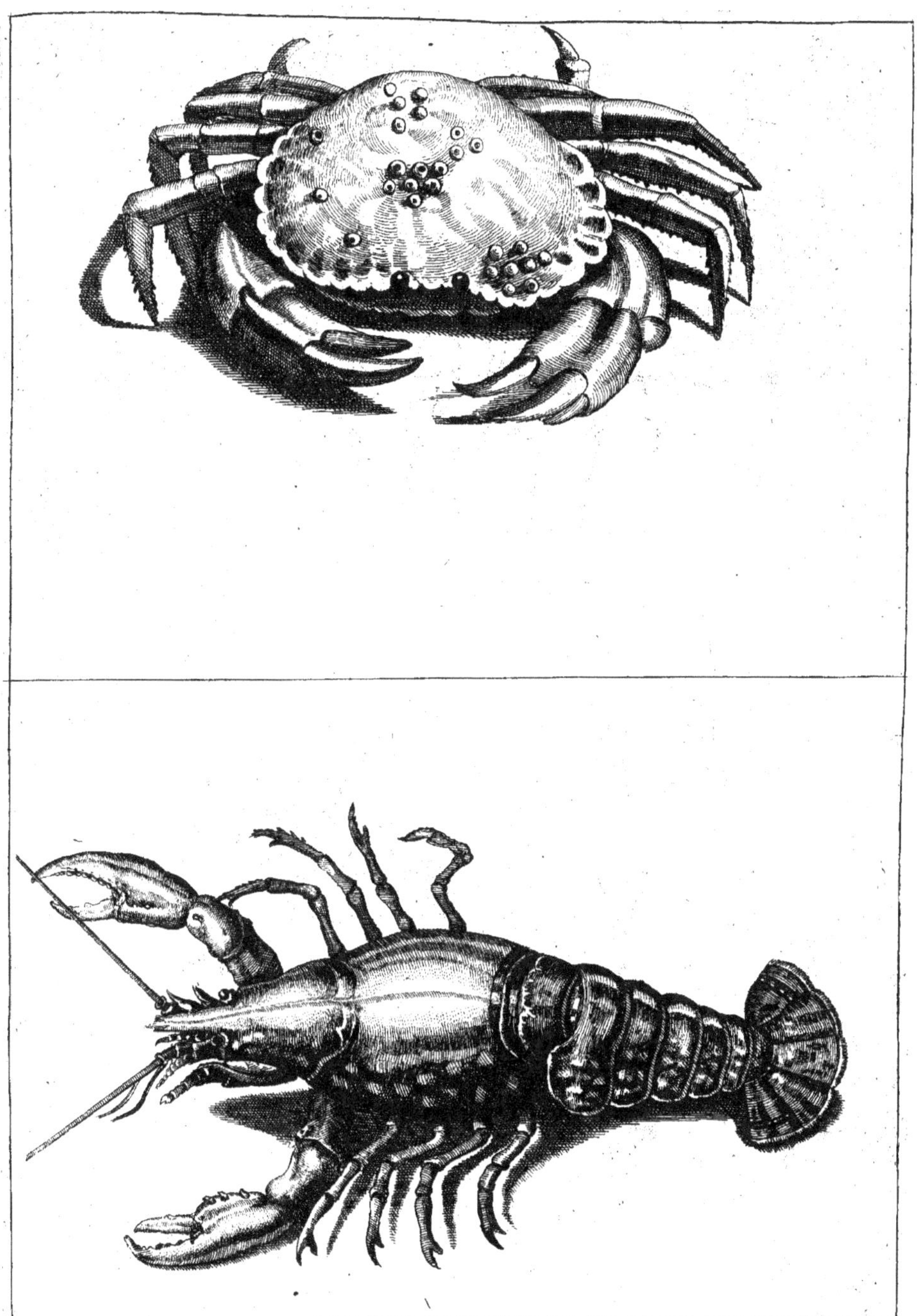

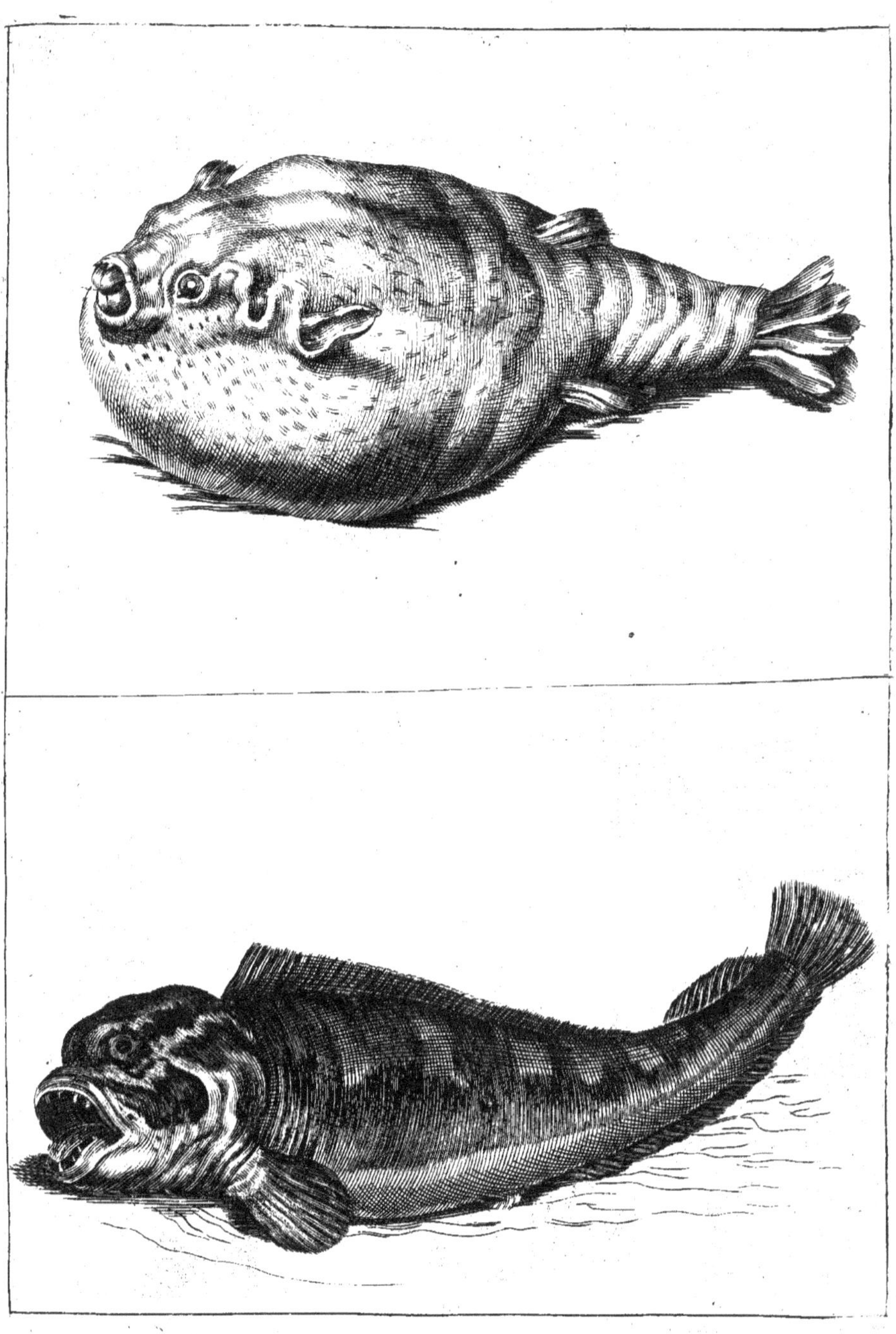